# 규방공예
## 한땀의 여유

手作
느리게 만드는
특별한 이야기
01

# 규방공예
## 한 땀의 여유

| 이정혜 지음 |

팜파스

내게 묻는다.
"언제부터였을까?"
"언제부터 나는 이 일을 하도록 운명 지어진 걸까?"
쉴 새 없이 손을 움직여 바느질을 하면서도 머릿속은 부지런히 그 과거를 좇는다.
영화에서처럼, 혹 오래 전 지금을 암시해준 일들이 있었는지 말이다.

누구나 그렇겠지만 나 역시 지금 하고 있는 일이 시작부터 천직으로 느껴지는
사건이 있었다거나 운명이라고 확신할 만한 일을 겪은 것은 아니다.
그저 손을 꼼물거려 무언가를 만드는 것이 재미있게 느껴져 시간 가는 줄 모르고 즐겼을 뿐이었다.
누군가에게 보이기 위해 만드는 것이 아니었음에도 나 대신 내 작품들을 아껴주고
사랑해주는 사람들이 많아졌다. '이 일이 내가 해야 할 일이 아닐까' 라는 생각을
그때 하지 않았었나 기억된다.

"누군가를 보면, 무언가를 할 때면 그때 비로소 심장이 뛴다"라는 말처럼
나 역시 새로운 작품의 스케치를 끄적거리거나 새 작품의 첫 바늘땀을 뜰 때
심장이 뛰는 것을 느낀다. 그런 내가 다른 어떤 일을 할 수 있었을까?
어쩌면 나는 사람이 살면서 확신할 수 있는 얼마 안 되는 몇 가지,
그 중 하나를 행운처럼 얻었는지도 모르겠다.

간혹 사람들은 내게 왜 바느질을 하느냐고, 힘들지 않느냐고 묻는다.
그럼 나는 "이렇게 좋은 걸 왜 안 하느냐"고 되묻는다.
살면서 간혹 불행한 마음에 무릎 꿇고 싶을 때가 있어도 바느질을 함으로써
나는 많이 편안해졌고 행복해졌다. 물론 누구에게나 다 즐거운 일일 수는 없다.
산을 타거나 노래를 부르거나 혹은 글을 씀으로써 행복해질 수 있는 사람은
그것을 해야만 하는 것처럼 말이다. 부디 많은 분들이 바느질을 좋은 친구 삼아
편안한 시간을 보내시길 바란다.

규방공예를 해오면서 오래된 우리 역사의 한 부분임에도 불구하고
정리된 자료가 넉넉하지 않음이 언제나 안타까웠다.
다른 역사가 그렇듯이 잊혀지지 않고 사라지지 않도록 자료로 남기고
전하는 것이 바람직하다고 생각한다.

언젠가 책을 쓰게 된다면 처음 시작하는 사람들도 차근차근 따라 할 수 있는
쉽고 친절한 책을 만들고 싶다는 생각을 해왔다.
감사하게도 오래지 않아 이렇게 그 바람이 이루어졌다.
물론 마음은 알고 있는 모든 것을 소개하고자 했으나
그림이나 글, 표현의 한계상 보여드리지 못한 것들이 많아 아쉬움이 크다.
하지만 그것 또한 어느 날 다시 전할 수 있는 때가 오리라 믿는다.

한 가지 덧붙여 책의 내용이 이미 알고 계신 내용과 혹 다르더라도
지방이나 집집마다 음식 맛이 다르고 만드는 방법이 다른 것처럼
누가 맞고 누가 틀린 것이 아니라 다를 뿐이니
그런 것들에 너무 마음 쓰지 않기를 당부드리고 싶다.

끝으로 창원에서 먼 길 마다 않고 서울을 오가며 어시스트 해준 제자 미정이,
편안히 차 마시고 수다는 떨어줘도 원고 독촉 따윈 하지 않은 친절한 이진아 과장님,
내게 힘이 되어준 가족들과 친구들에게도 사랑하는 마음을 담아 감사의 인사를 드린다.

—이정혜

# CONTENTS

**PART 1 규방공예, 첫 바늘땀**

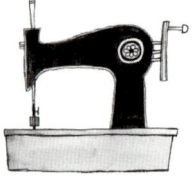

PART **2** 조각보,
작은 조각에 깃든 풍요로움

PART **3** 규방소품,
삶에 깃든 여유로움

# 도구와 재료

바느질을 하기 전에 먼저 준비해야 할 것들이 있습니다. 어떤 재료를 사용하게 될지, 어떤 도구들이 필요한지
살펴보도록 할까요. 기본 바느질도 몇 가지쯤 미리 배워두고 시작해야 책 속에 있는 과정을 쉽게 이해할 수
있습니다. 하지만 재료와 도구들만 준비되었다고 모든 준비가 끝난 건 아닙니다. 미리 처리해두면 한결 쉬워질
바느질 준비 과정에 대해서도 살펴볼 것입니다. 이 과정을 반드시 해야 하는 것은 아니지만 조금만 수고하면 작업이
수월해질 뿐 아니라 작품의 완성도도 높일 수 있으니 꼭 익혀두시기 바랍니다.

**도구**

1 견사 : 상침용, 술 만들기용, 귀밥치기용
2 얇은 견사 : 감침용
3 감침용 바늘(12호)
4 홈질, 시침용 바늘(6호)
5 송곳 또는 헤라

6 가위
7 초크와 초크심
8 삼각자
9 커팅 매트

**재료**

견직물에 대해 자세히 설명하자면 분량이 매우 방대해집니다.
원재료, 처리 방법, 문양, 특산지 등 200여 종이 넘는 견직물 모두를 살펴보자면 바느질을 배우기
전에 지쳐버릴지도 모릅니다. 그래서 여기서는 꼭 알아두어야 할 것들에 대해서만 간략하게
설명하려고 합니다. 보자기나 소품 대부분은 우리가 쉽게 볼 수 있고 또 구할 수 있는 한복감을
사용하면 됩니다. 입지 않고 보관만 하고 있는 한복이 있다면 그것 또한 훌륭한 재료가 될 수
있습니다. 명주나 양단 등 빛이 잘 투과하지 않는 두께의 천은 홑보가 아닌 겹보에 적당하고,
소품에서도 겉감용으로 사용하면 됩니다. 이름 뒤에 '사'자가 들어가는 천은 대부분 얇은 천이며,
겹보는 물론 홑보나 소품의 안감으로 적당합니다.

**면직물**

보자기 대부분은 견직물을 이용해 만들지
만, 실생활에 편리하게 사용할 용품들을 만
들 때는 면직물을 사용하기도 한다.
특히 어린아이를 위한 배냇저고리나 버선
등을 만드는 침선 분야에 많이 쓰인다. 규
방공예에 쓰이는 면직물은 광목, 무명, 옥
양목 등이 있다.

**견직물**

본견이나 인견(인조견)이라는 말을 들어보
았을 것이다. 천연가죽과 인조가죽에 비유
하면 이해가 쉬울 것이다. 본견은 천연 명
주실 100%로 짠 비단이고, 인견은 합성섬
유이다.
예를 들어 양단이나 옥사는 눈으로 보았을
때 같은 소재로 만들어졌다는 것이 믿어지
지 않을 만큼 두께와 질감에 차이가 나는
데, 눈으로 보이는 차이라기보다는 만들어
진 원재료의 차이다. 양단이라고 해도 그것
이 본견이거나 인견일 수도 있다. 가격이나
촉감, 사용감은 본견 쪽이 좋지만 가격이
비싸고, 세탁, 보관에 주의해야 한다. 인견
은 가격은 저렴하고 세탁도 용이하지만 빛
깔이나 촉감 등은 본견보다 떨어진다.

**모시**

모시에 대한 설명은 모시 바느질 과정에서
다시 얘기하겠지만, 기본적으로 봄부터 가
을까지 날씨가 따뜻한 동안만 다루는 것을
원칙으로 하는 것이 좋다.
모시는 그 두께가 다양한데 아주 얇은 세
모시는 의류를 만들어 입기에 적당하고, 두
꺼운 모시는 바느질이 투박해 보여 적당하
지 않다.
우리가 흔히 사용하는 면사 두께의 실로
짜낸 모시라면 조각보 바느질을 하기에 적
당하다. 간혹 모시로 바늘방석을 만든 것을
볼 수 있는데, 모시는 조직이 헐거워서 완
성을 해도 솜이 빠져 나오기 때문에 바늘
방석의 재료로는 적당하지 않다.

마지막으로 한 가지 더 확인해야 할 것은 실을 선택하는 것이다. 견직물을 바느질할 때는
같은 소재의 견사를, 면이나 모시 등을 바느질할 때는 면사를 사용하는 것이 좋다. 동물성
섬유와 식물성 섬유를 섞어 사용하면 작품을 완성했을 때 이질감이 느껴져 좋지 않다.

재료
구입처

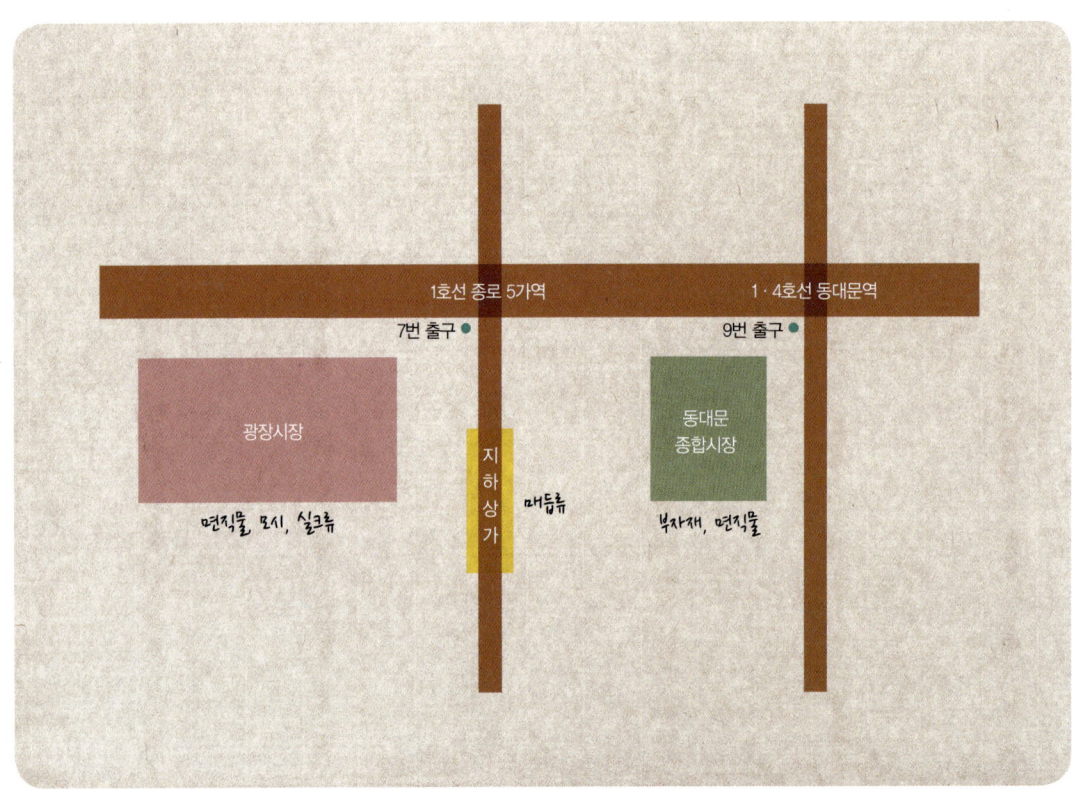

1호선 종로 5가역

1·4호선 동대문역

7번 출구

9번 출구

광장시장

동대문
종합시장

지
하
상
가

매듭류

면직물 모시, 실크류

부자재, 면직물

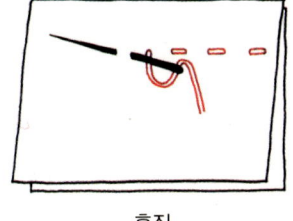

홈질

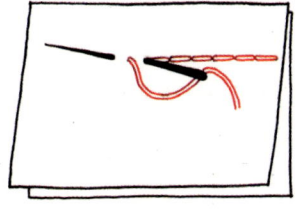

온박음질

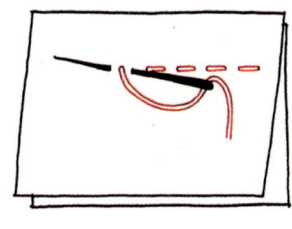

반박음질

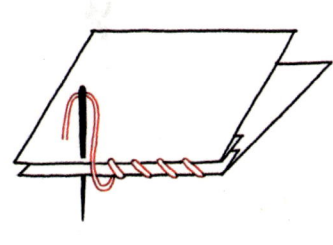

감침질

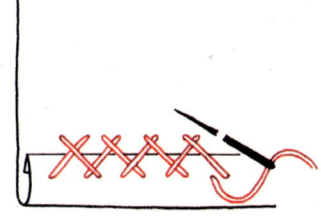

세발뜨기

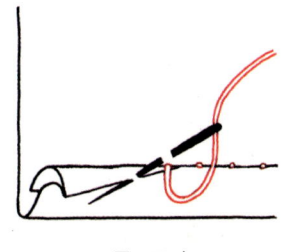

공그르기

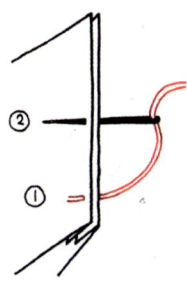

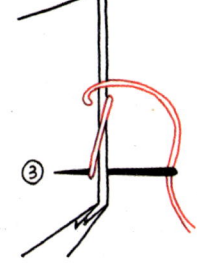

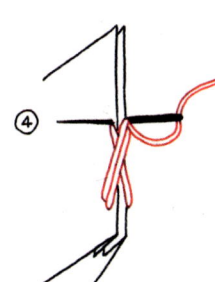

귀밥치기 또는 사뜨기

# 준비 과정

 풀
만들기와
풀 먹이기

천을 그대로 사용할 경우 부드럽고 힘이 없어 마름질하기 어렵습니다. 또한 잘라낸 가장자리 올이 풀리고, 완성 후 완성도가 떨어져 보일 수 있습니다. 때문에 바느질을 하기 전에 풀을 먹여두는 것이 좋습니다. 그럼 풀 만들기와 풀 먹이는 방법에 대해 살펴보도록 할까요?

## 풀 만들기

**1** 찹쌀이나 맵쌀을 물에 담근 후 3~7일 동안 매일 물을 갈아주기를 반복하며 쌀을 삭혀준다.

**2** 삭힌 쌀에 물을 붓고 약한 불에 올려 저어가며 풀을 만든다.

**3** 쌀과 물의 비율 그리고 불의 강약과 시간에 따라 풀의 점성이 달라지기 때문에 용도에 맞게 그 양과 시간을 조절하도록 한다.

**4** 풀은 반드시 광목을 이용해 2번 정도 짜주어 쌀가루를 깨끗하게 걸러낸다.

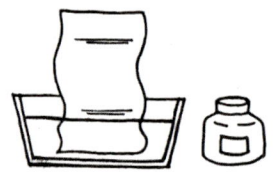

**5** 묽은 풀은 천에 풀을 먹일 때 사용하고, 된 풀은 소품을 만들 때 접착용으로 사용하면 된다.

**6** 방부제를 사용하지 않기 때문에 필요한 만큼만 조금씩 만들어 냉장고에 보관해 사용하는 것이 좋다.

## 풀 먹이기

**1** 풀이 준비되면 넓은 그릇에 풀을 담고 그 옆에 커다란 수건을 한 장 펼쳐놓는다.

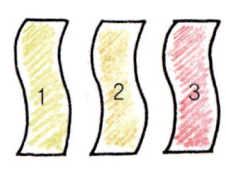

**2** 염색이 번지는 것을 방지하기 위해 한 번에 한 색깔의 천만 풀에 담그고 밝은 색부터 시작하도록 한다.

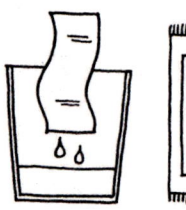

**3** 충분히 풀에 담근 천을 건져 손으로 가볍게 풀을 짜낸 후 수건 위에 평평하게 펼쳐놓는다.

**4** 수건의 한쪽 끝부터 풀을 먹인 천과
함께 돌돌 말고 손으로 꾹꾹 눌러주면
풀이 고르게 먹는다.

**5** 중간 온도의 다리미로 다림질하여 천
을 완전히 말려준다.

견사에
초 먹이기

견사는 부드럽고 강도가 약하며 잘 꼬이는 성질을 갖고 있기 때문에 바느질에 사용할 때는 실에
초를 먹여 사용하는 것이 좋습니다. 초를 먹인 실은 쉽게 엉키지 않아 바느질할 때 편리할 뿐만
아니라 바느질이 깔끔하게 보존됩니다.

초 먹이기 전의 견사

초 먹인 견사

### 초 먹이는 방법

**1** 50cm 길이로 실 10가닥 정도를 가지
런히 준비한 후 엉키지 않도록 한쪽
끝을 단단히 잡는다.

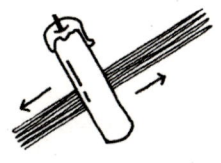

**2** 다른 한손에 양초를 잡고 2~3번 정도
실에 초를 넉넉히 묻혀준다.

**3** 종이를 반으로 접은 후 그 사이에 초
를 묻힌 실 끝을 넣고 다림질을 해주
는데, 그렇게 하면 실에 묻힌 초가 녹
아 실 속으로 스며들고 나머지는 종이
에 묻어 나오게 된다. 다림질한 실 끝
을 잡고 다리로 종이 위를 그대로
눌러주면서 실을 잡아당기면 실이 반
듯하게 펴지게 된다.

( O )　　　( × )

**4** 실의 10cm 정도 밑을 잡고 세웠을 때
반듯하게 제 힘으로 서 있으면 초가
제대로 먹여진 것이다.

**참고 사항**

· 설명서에 표기된 재료는 소개된 작품의 실제 재료이기 때문에 자신의 작품을 만들 때 반드시 그 재료를 사용하지 않아도 된다.

· 견직물을 바느질할 때는 견사, 면직물이나 모시를 바느질할 때는 면사를 사용하여 재료를 통일해주는 것이 좋다.

· 설명서에 나오는 사이즈는 완성 사이즈이다. 별도로 표기되어 있지 않으면 겹보의 시접은 언제나 각 면 0.7cm씩 주면 된다.

주의! 박쥐 장식과 잣씨 장식에는 시접이 따로 필요하지 않다.

# 규방공예, 첫 바늘땀

재료와 도구의 준비가 다 되셨나요? 그럼 이제부터 규방공
예의 기초 과정을 함께 배워보도록 해요. 어떤 분야든 가장
중요한 건 역시 '기초'를 제대로 다지는 것입니다. 이제부
터 설명할 작품들을 만들어가면서 과정을 익히게 되면 이
후에 조금 더 어려운 작품을 배우는 데에도 도움이 될 것입
니다. 조금 어렵게 생각되더라도 차근차근 설명에 따라 꼼
꼼히 배워봅시다.

# 바둑판무늬 겹보

바둑판무늬 겹보는 같은 크기의 사각형 조각을 이어 붙인
보자기를 말합니다. 단조롭게 보일 수도 있지만, 오래 두고 봐도
싫증이 나지 않는 매력이 있습니다. 오히려 두고 보면 볼수록 더욱
정이 가는 작품입니다.
보자기를 배우는 대부분의 사람들은 처음으로 이 바둑판무늬
겹보를 만들게 되는데, 그래서인지 누가 만든 것인지에 상관없이
곳곳에 실수가 묻어나 있기도 합니다. 물론 저의 첫 작품도
예외는 아니었죠. 하지만 그 서툴고 부족한 솜씨조차 두고두고
사랑스럽게 느껴지는 것이 이 바둑판무늬 겹보입니다.
자, 처음이지만 두려워하지 말고 나만의 첫 작품을
시작해보도록 할까요.

바둑판무늬 겹보는 보자기를 만들 때 알아야 할 기본적인 내용을
배울 수 있는 중요한 과정입니다. 이후의 작품에서도 지금 배우게
될 과정을 잘 지켜나가면 큰 실수를 저지르는 일도 없을 뿐만
아니라, 완성도 높은 작품을 만들 수 있습니다.

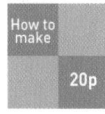

How to
make
20p

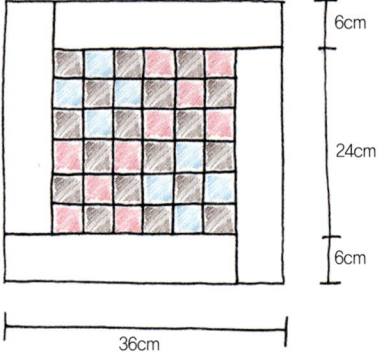

## 바둑판무늬 겹보

**재료 숙고사**

**마름질**
**조각** 4×4cm 36장(밤색 18장, 분홍색 10장, 하늘색 8장)
**뒷감** 48×48cm 1장(간지 포함)
**끈** 6×14cm 1장(흰색), 6×6.8cm 1장(분홍색)
**박쥐** 3×3cm 3색 1장씩

**만들기**

**1** 숙고사를 4×4cm 정사각형 크기로 36장을 마름질한다. 이때 종이 본을
만들어 사용하는 것보다 삼각자 등을 이용하여 직각을 맞춰 사각형을 그
려내는 것이 더 정확하다.

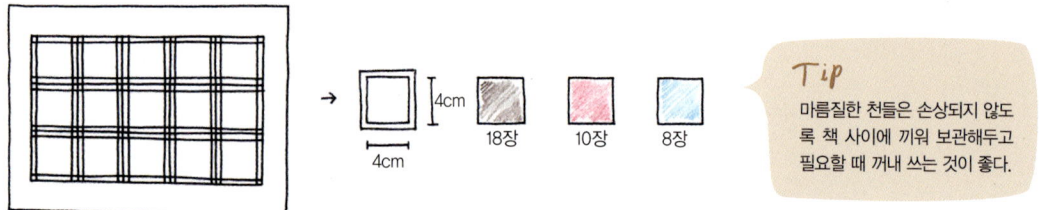

**Tip**
마름질한 천들은 손상되지 않도
록 책 사이에 끼워 보관해두고
필요할 때 꺼내 쓰는 것이 좋다.

**2** 송곳이나 헤라를 사용해 시접선을 표시해준다. 이때 주의해야 할 점은
① 각 면의 시접선을 미리 표시하지 않는 것이다. ② 시접선 표시는 조각
을 붙일 면만 그때그때 해주는 것을 원칙으로 해두는 것이 좋다.

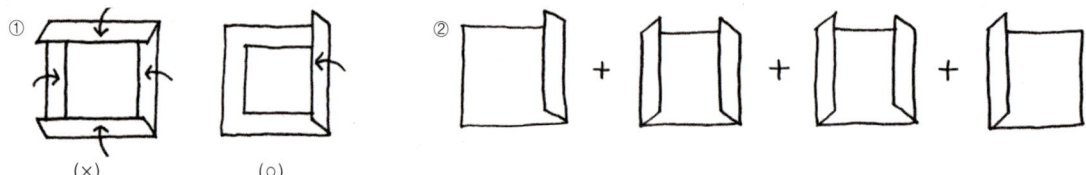

**3** 각 조각을 순서에 따라 감침질해 이어주고 시접은 가름솔 처리를 한다.
① 감침질은 시접 부분을 남기지 말고 천의 끝에서 끝까지 해준다. 감침질의 크기는 1mm 간격, 1mm 높이가 적당하다.
바느질할 때는 손의 힘을 빼고 조금 느슨한 느낌으로 하는 것이 좋다. ② 펼쳐놓았을 때 조각이 이어진 부분에 힘이 들
어가 위로 솟아오르면 보기에도 불편할 뿐만 아니라 사이즈에도 오차가 생기기 때문에 주의를 기울여야 한다.

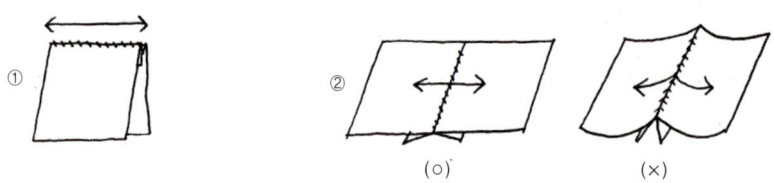

**4** 구성과 배색에 맞춰 조각을 이어 조각판을
만들고 네 면 모두 시접선을 접어 다린다.

×6줄

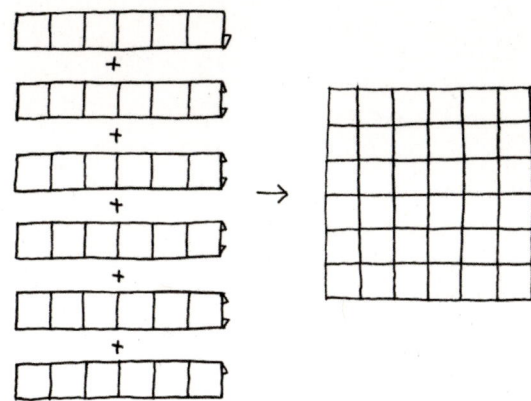

> **Tip**
> 감침질할 때 실 길이는 어느 정도가 적당할까?
> 정답은 바느질할 길이의 2.5∼3배 정도이다. 또
> 한 번 쓸 실의 길이는 너무 길지 않게 50cm 정
> 도로 하는 것이 좋다.

**5** 뒷감은 크기대로 마름질한 후 네 면의 시
접선을 모두 접어 다림질하여 바닥에 펼쳐
놓는다. 그 위에 완성한 조각판을 올린 후
시침하여 고정시킨다.

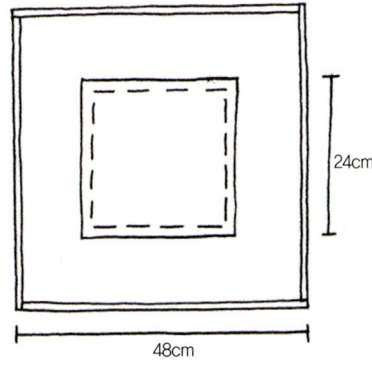

24cm

48cm

**6** 뒷감의 한쪽 면을 차례대로 조각판에 맞대
어 올린 후 감침하여 연결해준다.

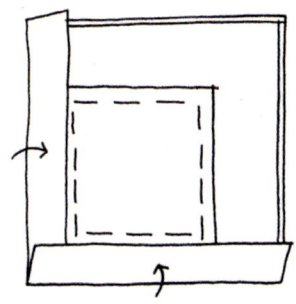

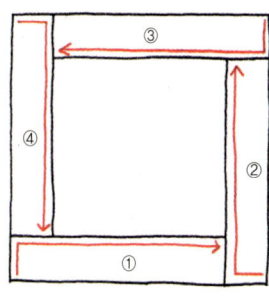

> **Tip**
> 바느질 도중 실이 엉켰을 땐
> 대부분 다음 그림과 같은 형
> 태이다. 이럴 땐 양쪽으로 잡
> 아당겨 풀어내려고 하지 말고
> 고리 부분을 반대쪽으로 꺾은
> 후 손으로 같은 방향으로 쓸
> 어주면 꼬임이 풀어진다.

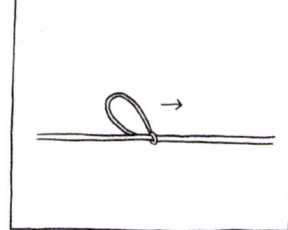

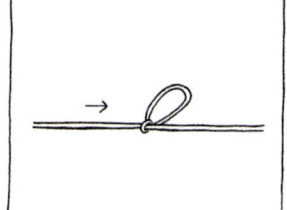

**7** 상침은 반드시 홈질이 아닌 반박음질로 해주어야 하고 감침질과의 간
격은 1~2mm 정도가 적당하다.

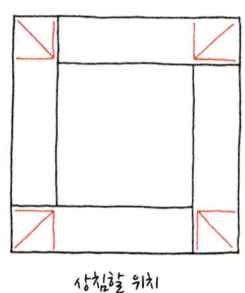

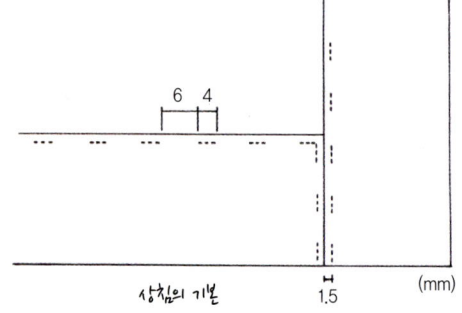

상침할 위치 상침의 기본 (mm)

**8** 끈은 크기대로 마름질하고 네 면 모두 시접선을 접은 후 길게 반 접어
감침질하여 준비한다.

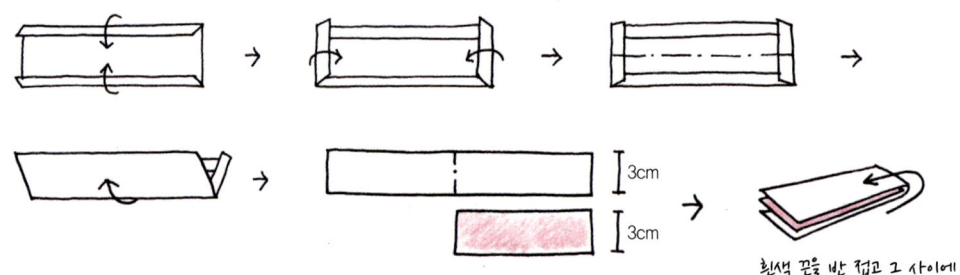

흰색 끈을 반 접고 그 사이에
절반 크기의 색깔 끈을 넣는다.

**9** 박쥐는 명주를 시접 없이 3×3cm로 준비하고 핀을 이용해 천을 말아서 만든다.
예쁜 박쥐를 만들 수 있는 다음 네 가지 방법은 꼭 기억해두도록 하자.
① 꼭짓점을 핀으로 말아갈 때 꼭짓점이 반드시 천의 정중앙을 향하도록 한다.
② 느슨하게 말지 않는다. ③ 천을 말았을 때 양쪽의 두께가 같게 한다. ④ 박쥐
의 밑단은 단단히 묶고 짧게 잘라낸다.

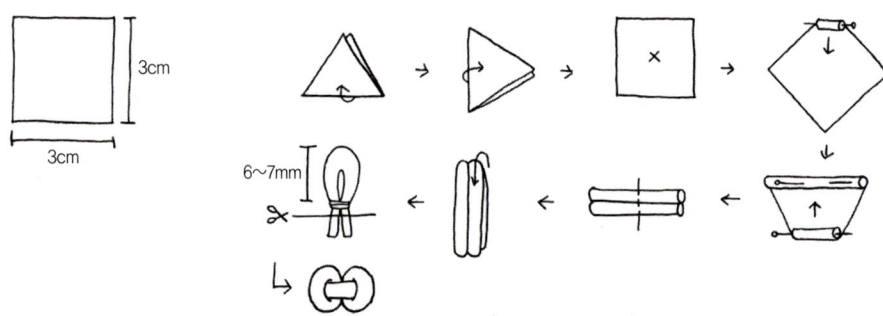

**10** 보자기 중앙에 끈을 반 접어 고정한 후, 중앙에 박쥐를 나란히 달아준다.
박쥐를 고정시키는 바느질은 오른쪽 그림에서 표시한 6곳(1~6)이다.
바느질한 흔적이 남지 않도록 틈새를 집어주도록 한다.

# 사선보

첫 보자기를 완성한 소감은 어떤가요? 생각처럼 쉽지만은
않았을 거예요. 하지만 쉽지 않기 때문에 그만큼 더 매력
있는 바느질이랍니다. 바둑판무늬 겹보를 만들기에
성공했다면 다음 과정인 사선보에 도전해보도록 할까요?
사각형 조각을 이을 때와는 달리 삼각형은 바이어스 방향의
바느질을 배울 수 있습니다. 바이어스 방향은 천이 늘어나는
성질을 갖고 있기 때문에 방심할 경우 초보자가 감당하기
어려운 일을 겪게 될 수 있어요. 실제 수업을 할 때도
이 부분에서 조금은 과장해서 주의를 주는 이유가 바로
그래서죠. 주의를 게을리하지 않으면 누구나 잘 해낼 수
있으니 크게 걱정할 필요는 없어요.
사선 방향의 바느질은 충분히 연습하여 익혀두세요.
그래야만 이후에 배울 여러 가지 도형이 어우러진 구성을
편안히 소화해낼 수 있습니다. 이 과정만 무사히 넘기면
바느질을 즐길 일만 남았으니 모두 힘내세요!

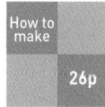

How to
make

26p

# 사선보

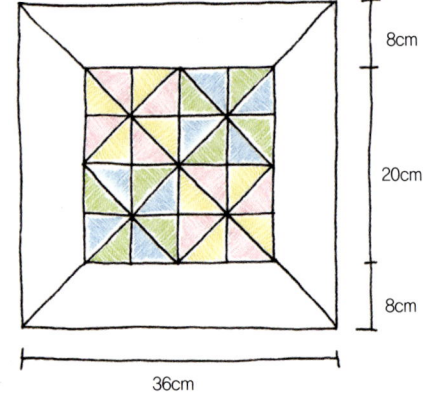

**재료** 숙고사

**마름질**
**조각** 5×5cm 직각삼각형 32장
(분홍색 8장, 노란색 8장, 연두색 8장, 감색 8장)
**간지** 8×36cm 4장
**뒷감** 36×36cm 1장
**끈** 6×14cm 1장
**박쥐** 명주 3×3cm 3색 1장씩

## 만들기

**1** 5×5cm 직각삼각형 32장을 준비한다.
삼각형은 그 하나하나가 직각삼각형이 되도록 정확히 마름질한다.

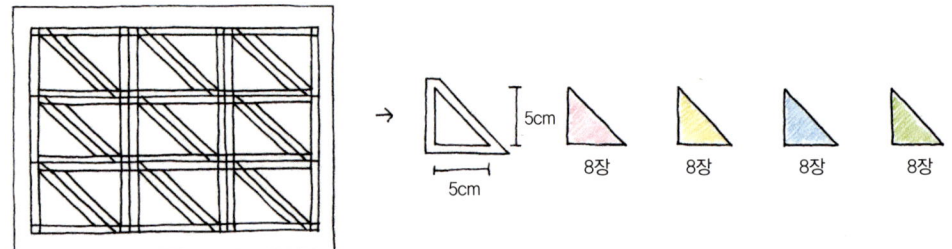

**2** 감침질로 조각을 잇는다. 바이어스 방향의 바느질을 할 때에는 늘어나지 않도록, 바깥으로 잡아당기는 느낌보다는 두 손 안쪽으로 모아주는 느낌을 가지고 하도록 한다.
감침질은 바둑판무늬 겹보의 감침질보다 조금 더 작게 한다는 기분으로 한다.

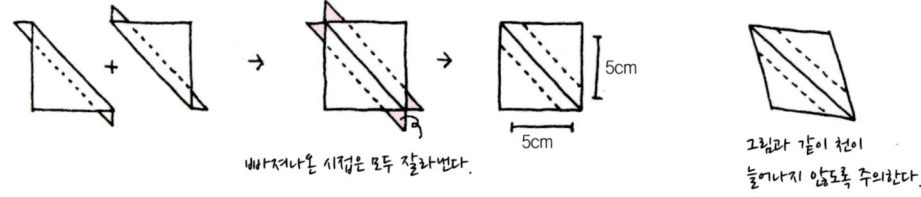

빠져나온 시접은 모두 잘라낸다.

그림과 같이 천이
늘어나지 않도록 주의한다.

**3** 구성과 같이 색을 잘 맞춰 조각들을 이어 10×10cm
정사각형을 만들고 그것들을 연결해 조각판을 완성한다.

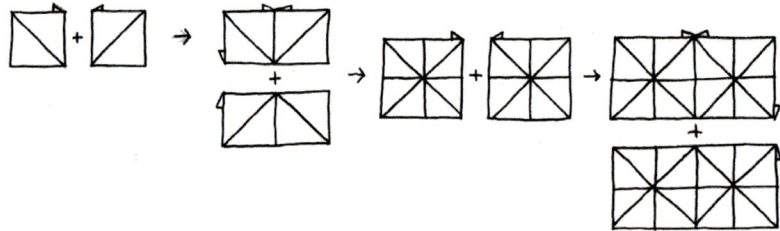

**4** 간지 마름질하기

간지를 마름질할 때 꼭 기억해야 할 것은 언제나 그 길이를 조금씩 더 여유 있게 해주어야 한다는 것이다.
조각들을 잇고 나면 대부분의 경우 길이가 길어지기 때문에 간지의 길이가 조금씩 짧아질 수 있다.
길이를 여유 있게 마름질하여 남는 부분은 바느질이 다 된 후 잘라낸다. 간지의 길이가 모자라면 새로 하는
방법 외에는 해결할 수 있는 방법이 없다. 간지를 준비할 때 또한 잊지 말아야 할 것은 조각판과 붙일 부분
의 시접선만 접어주고 바깥 시접은 그대로 두어야 한다는 것이다.

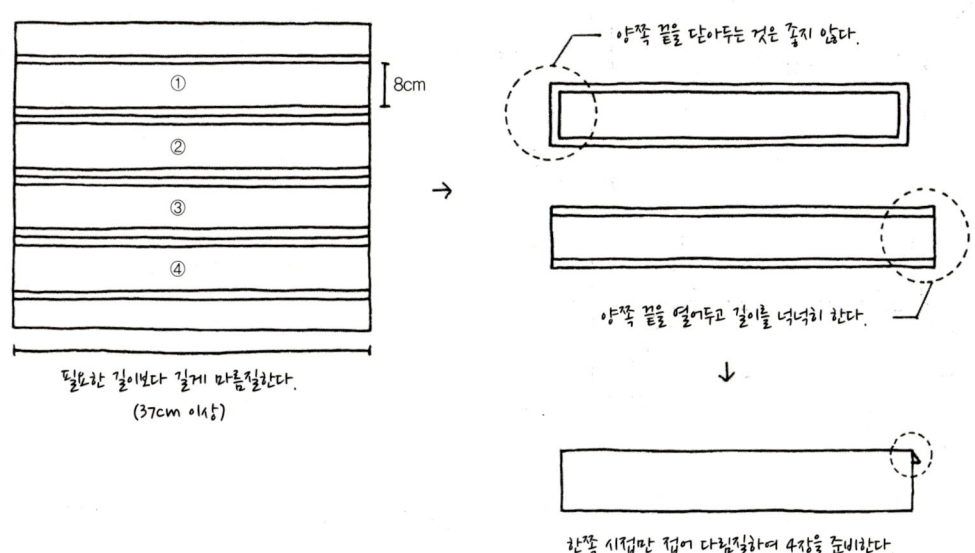

**5** 간지 대기

조각판의 네 면 시접을 모두 접어 다림질하여 준비한다.
조각판과 간지를 1장씩 감침하여 연결한다.
간지의 모서리는 다음 순서에 따라 처리한다.
① 송곳질하여 접는 선을 표시한다.
② 각 간지의 끝을 바깥쪽으로 접어 넘긴다.
③ 두 간지의 접힌 부분을 마주 대어 감침하여 연결한다.
④ 바깥으로 나와 있는 여분의 간지는 잘라낸다.
⑤ 네 모서리는 사각형 모양으로 비쳐 보인다.

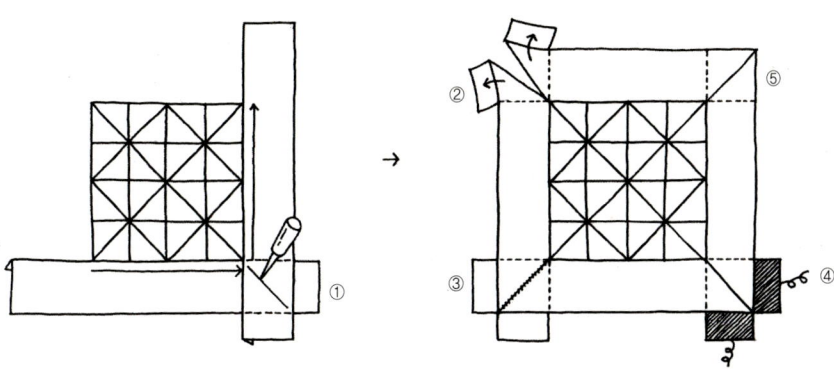

### 6 뒷감 대기

뒷감을 준비할 때에는 앞감보다 크기를 조금 더 넉넉하게 하고, 풀을 먹이거나 마름
질하지 않은 상태로 평평하게 다림질만 하여 바닥에 펼쳐놓는다. 마름질하지 않는 이
유는 만들어놓은 앞판이 대부분 계산과는 조금 다른 크기와 모양을 갖게 되기 때문에
언제나 뒷감은 앞판에 맞추는 것이 좋다. 아래 설명을 따라 앞감과 뒷감을 붙여준다.

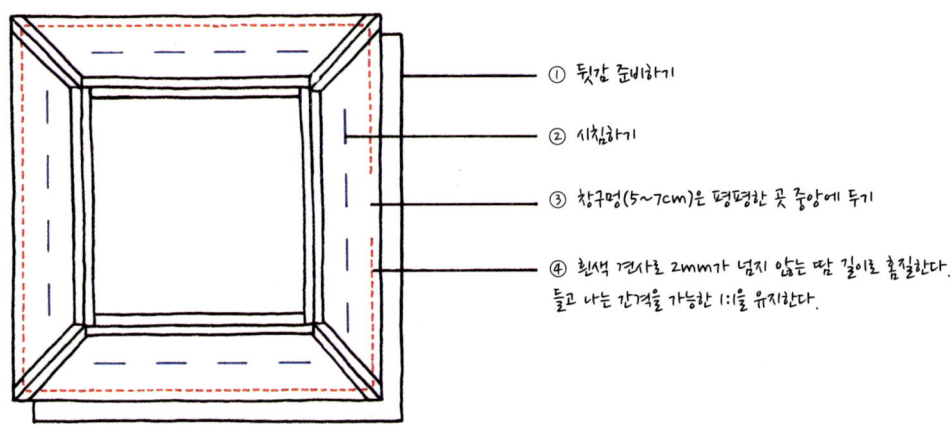

① 뒷감 준비하기

② 시침하기

③ 창구멍(5~7cm)은 평평한 곳 중앙에 두기

④ 흰색 경사로 2mm가 넘지 않는 땀 길이로 홈질한다.
들고 나는 간격을 가능한 1:1을 유지한다.

## Tip

**① 창구멍 처리하기**
보자기를 뒤집기 전 안쪽에서 창구멍 부분만
따로 송곳질하여 접는 선을 표시해두고 뒤집
으면 바깥쪽에서의 마무리가 편해진다.

**② 가장자리 시접 처리하기**
보자기를 뒤집기 전에 가장자리 시접을 홈질
선 그대로 뒷감 쪽으로 접어 넘긴다. 그렇게
하면 보자기를 뒤집었을 때 가장자리에 바느
질 선이 보이지 않게 된다.

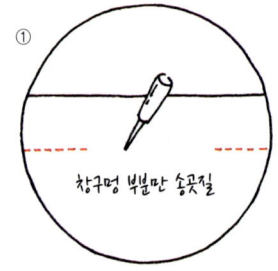

창구멍 부분만 송곳질

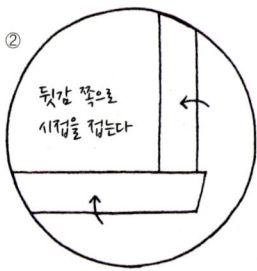

뒷감 쪽으로
시접을 접는다

### 7 창구멍을 통해 보자기를 뒤집어준다.

뒤집을 때 주의해야 하는 것은 바로 모서리 부분인
데, 모서리가 뭉툭한 모양이 되지 않도록 안쪽에서
반듯하게 잘 정리하여 뒤집어주어야 한다. 송곳 등
을 이용해 모서리 시접을 잘 정리하고 그 상태를
유지해 뒤집는 것이 요령이다.

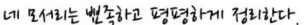

네 모서리는 뾰족하고 평평하게 정리한다.

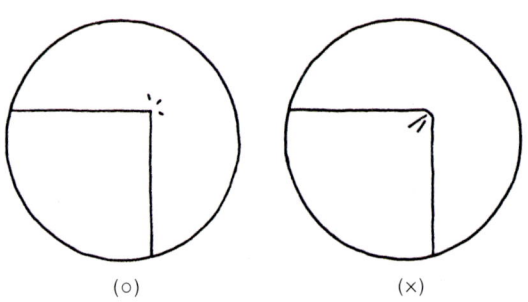

(○)          (×)

**8** 상침하고 마무리하기
아래 그림에 표시된 위치에 따라 상침하고 보자기의
중앙에 끈과 박쥐를 만들어 보자기에 달아준다.

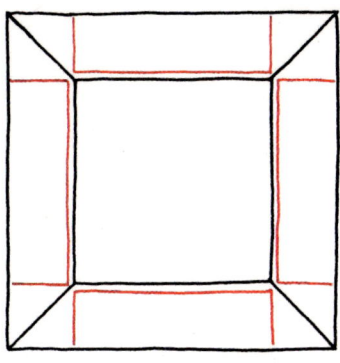

상침하는 위치

# 홈질 겹보

눈치가 빠른 분이라면 어느새 마름질이며 감침, 상침하는
내 손이 편해지고 속도 또한 2배쯤 빨라지고 있다는 걸 느끼실
거예요. 하지만 늘 100%로 완벽해질 수는 없는 법이죠. 여전히
바느질이 어렵다고 느끼는 분들을 위해, 그게 아니더라도 잠시
쉬어가고 싶은 분들을 위해 이쯤에서 홈질로 보자기를 만드는
방법을 알려드릴 거예요.
홈질 겹보는 말 그대로 감침이 아닌 홈질로 만든 보자기예요.
이제껏 감침질이 고르고 예쁘게 나오지 않아 마음이 상하고
있는 참이라면 귀가 솔깃할 얘기지요. 감침에 비해 제작
시간이 적게 드는 편이고 바느질 또한 지루하지 않기 때문에
크기가 큰 작품에 욕심이 난다면 그 첫 작품으로 홈질 겹보를
추천해드리기도 한답니다.
주로 감침하여 만든 보자기는 잘 잡혀 있는 각이나 정교한
바느질이 멋이라면, 홈질 겹보는 조각들의 모양이 조금
비뚤비뚤하거나 바느질이 띄엄띄엄 어설퍼도 오히려 그런
것들이 편안하고 귀여운 느낌을 주기 때문에 서툰 솜씨를 감추는
데 제격이죠. 조각을 이은 후 윗면에 해주는 장식 바느질은
홈질과 상침 중 하나를 선택할 수 있어요. 자신 있는 바느질을
선택해 다양하게 표현해보세요.

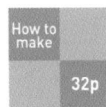

## 홈질 겹보

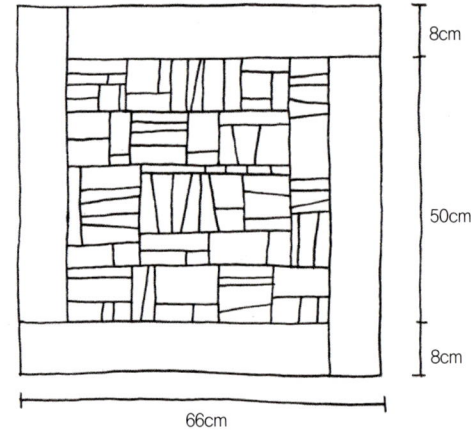

**재료** 궁중 견

**마름질**
**조각** 도안을 참조한 배색별 각 크기의 조각
**간지** 8×58cm 4장
**뒷감** 66×66cm 1장

**만들기**

**1** 구성에 따라 각 조각을 마름질하여 준비한다.
이런 자유로운 구성의 조각보를 만들 때는 각 조각마다 번호를 적어두고 빠지거나 중복되는 조각들이 생기지 않도록 주의하는 것이 좋다.

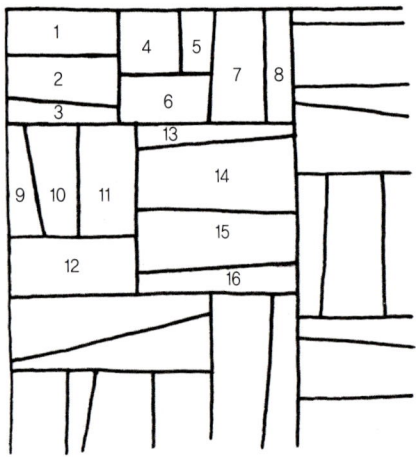

**2** 2장의 조각을 겉과 겉을 맞대어 시접선에 맞추어 곱게 홈질하고 시접을 한쪽 방향으로 통솔 처리한다.
홈질 겹보를 만들 때 꼭 지켜야 하는 것이 하나 있는데 그것은 바로 시접 정리하는 방향을 한쪽으로 정해 넘겨주어야 한다는 것이다. 예를 들어 세로 방향은 오른쪽, 가로 방향은 아래쪽으로 통일해 시접을 정리해주어야 앞쪽에서 해주는 바느질의 방향이 일정해진다.

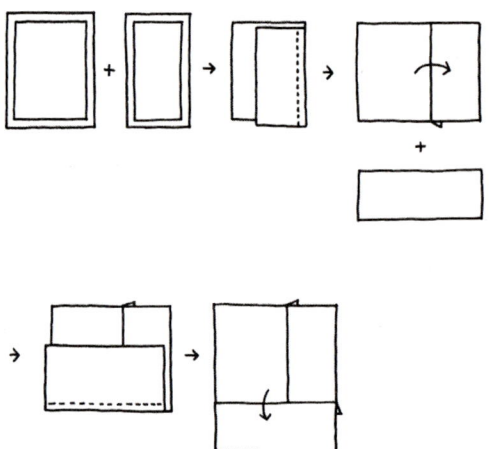

**3** 천의 연결 부분에 홈질(또는 상침)을 해준다.

홈질을 해줄 때는 흰색 견사를, 상침을 해줄 때는 좀 더 굵은 견사(상침용 실)를 사용하는 것이 좋다. 반드시 솔기를 넘긴 쪽에 바느질을 해주어야 하며 천의 경계에서 1~2mm 되는 지점에 하는 것이 좋다. 상침할 때에는 각 조각마다 실 색깔을 다르게 사용해도 좋다.

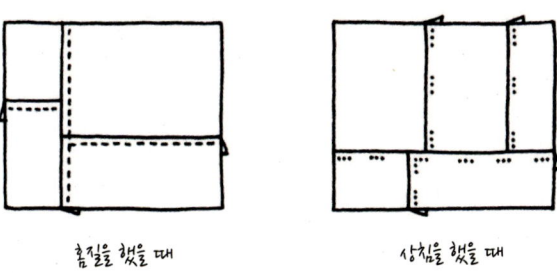

홈질을 했을 때          상침을 했을 때

**4** 뒷감 대기

홈질 겹보의 경우 간지 대기가 필수는 아니다. 완성된 조각판을 보고 판단해 간지를 대거나 바로 뒷감을 대어 마무리한다.

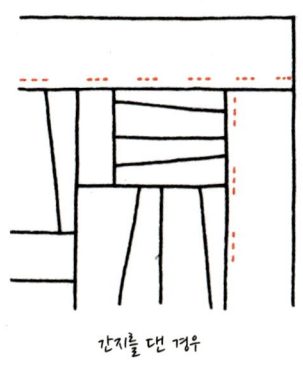

간지를 댄 경우

간지 없이 뒷감을 댄 경우

# 무지개보

한 필 펼쳐 보이면 그 고운 색과 투명한 빛깔에 어김없이
감탄사가 터져나오는 옥사를 소개해드릴게요. 색만 잘
맞춰놓으면 한 폭의 수채화 못지 않은 그림이 되는 옥사는
겹보자기와 홑보자기의 재료로 모두 쓰일 수 있다는
편리함까지 갖추고 있는데요, 소재의 특성상 여름철에만
바느질할 수 있는 모시와 비슷한 느낌을 갖고 있으면서도
사철 바느질이 가능한 착한 재료랍니다. 다만 보이는
것처럼 그 성질이 곱고 부드럽지만은 않아요.
마름질이라도 하려고 손을 대면 이리저리 도망 다니고,
얌전히 있으려고도 하지 않아요. 거기에 제 성질을 꺾지
않으려는 고집까지 다 갖췄다고 할 수 있죠.
아이를 달래는 마음으로 부드럽게 대해보세요.
어느새 친해지고 있는 느낌이 전해질 것입니다.
무지개보는 붙여나가는 방법에 따라
두 가지 형태로 만들 수 있습니다.

How to
make

36p

# 무지개보

**재료** 옥사

### 마름질
**조각** 6×6cm 1장, 3.5×9.5cm 4장, 3.5×16.5cm 4장,
　　　3.5×23.5cm 4장, 3.5×30.5cm 4장
**간지** 4.5×38.5cm 4장
**뒷감** 43×43cm 1장
**끈** 3×15cm 1장
**박쥐** 3×3cm 1장

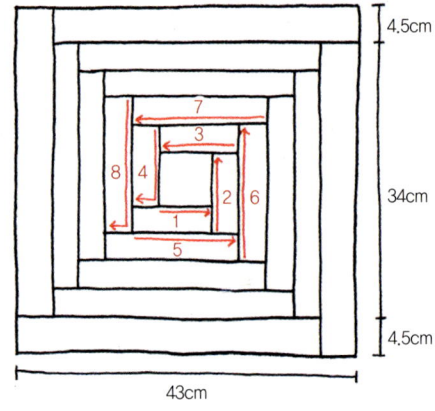

### 만들기

**1** 배색을 정하고 크기에 따라 천을 마름질하여 준비한다.
무지개보는 그림처럼 두 가지 구성으로 만들 수 있는데
(A형, B형), 배색에 따라서도 완전히 다른 느낌의 보자기
가 만들어진다.

> **Tip**
> 각 조각의 길이를 조금씩 여유 있게 준비하는 것이 좋
> 다. 조각들을 정확히 마름질해도 바느질하는 과정에서
> 조금씩 늘어나는 경우가 생기기 때문에 2~3cm 정도는
> 길게 해두는 것이 좋다.

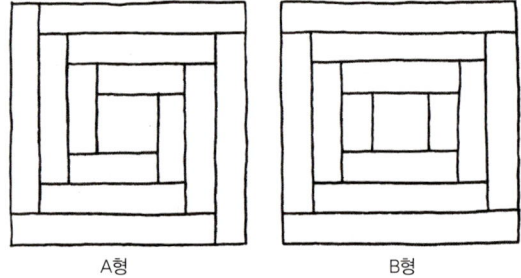

A형　　　　　　B형

**2** 중앙으로부터 감침질하여 조각을 잇는다.
바둑판무늬 겹보에서 간지 대기를 배운 것을 기억하자. 중앙으로부터 바깥
쪽으로 간지를 한 칸씩 붙여나간다고 생각하면 어렵지 않다.

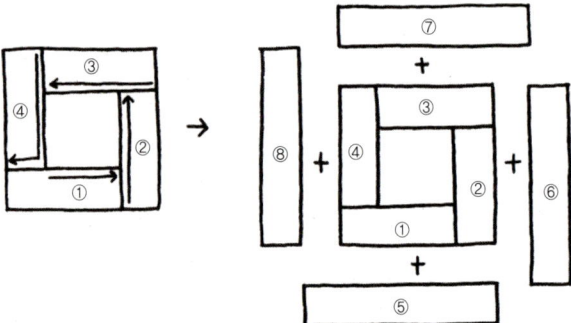

**3** 간지와 뒷감 대기

간지는 4.5×38.5cm 크기로 4장 준비하여 이제까지 조각을 이은 것과 같
은 방법으로 대고 뒷감과 연결한 후 창구멍을 통해 뒤집는다.

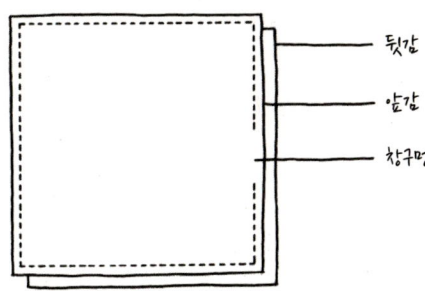

뒷감

앞감

창구멍

**4** 끈 만들기

3×15cm 크기로 마름질한 후 반 접어 끈을 만들고 보자기 중
앙에 리본 모양으로 고정하고 박쥐를 만들어 단다.

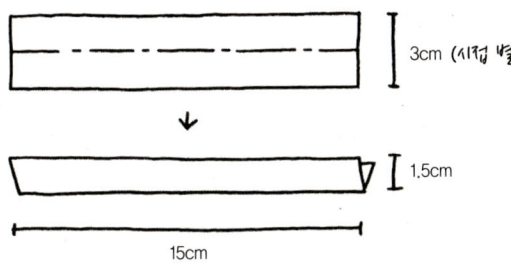

3cm (시접 별도)

1.5cm

15cm

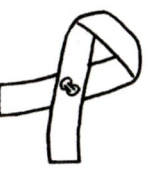

# 옥사 기러기보

기러기보는 전통 혼례 시 전안례에 사용되는
나무 기러기를 싸는 보자기를 말합니다.
현대적인 결혼식에서는 흔히 볼 수 없지만
결혼 선물용으로는 여전히 인기를 누리고 있죠. 꼭 나무
기러기를 싸는 용도가 아니더라도 필요에 따라 예단보나
돈보로 활용할 수도 있으니 여러 가지로 활용해보세요.
조각을 잇거나 뒷감을 대는 작업은 이전 작품들과 다르지
않아요. 하지만 기러기보에서의 끈을 다는 방법은 꼭
눈여겨보고 작업을 시작해야 한답니다.

How to
make

39p

# 옥사 기러기보

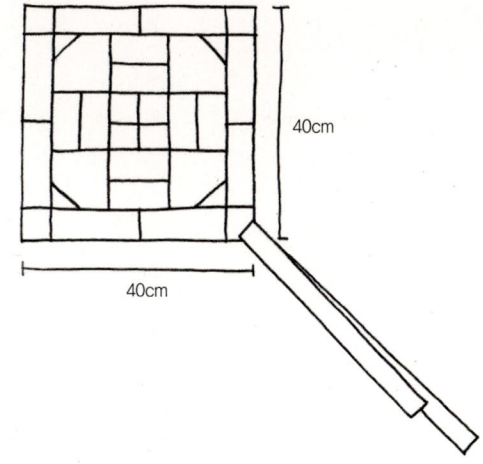

**재료** 옥사

**마름질**

**조각**  5×5cm 8장, 5×10cm 8장, 5×15cm 8장,
5×5cm 직각삼각형 4장,
10×10cm 변형 4장

**뒷감**  40×40cm 1장

**끈**  7×77cm 1장

## 만들기

**1** 구성대로 마름질한다.
옥사는 천의 성질 자체가 억세면서도 움직임이 많아 마름질할 때 어려움을 겪을 수
있다. 다림질하여 평평한 상태를 유지하고 천이 움직이지 않도록 주의를 기울인다.

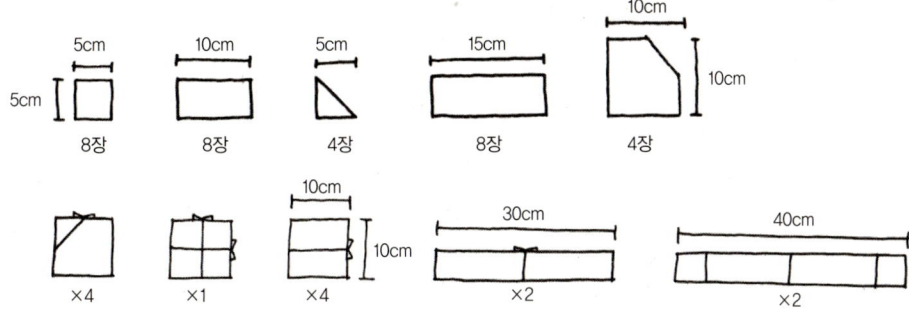

**2** 순서에 따라 조각을 이어 앞판을
만든다.
이어 붙이는 순서는 그림과 같으
며, 삼각형 조각을 이을 땐 사선보
에서 연습한 느낌을 되살려 늘어
나지 않도록 주의하자.

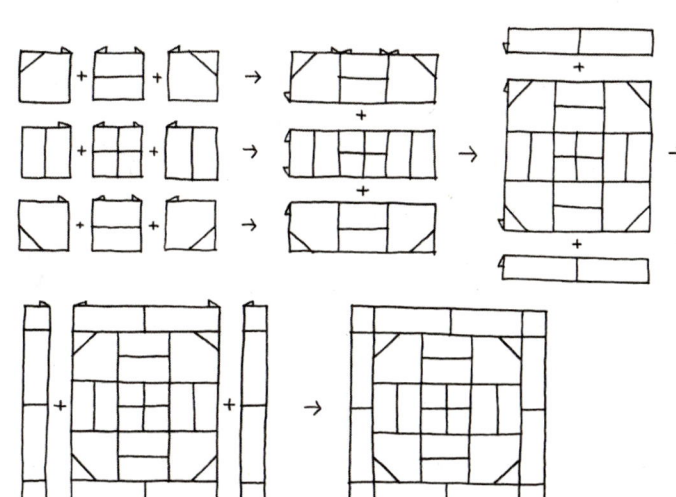

## 3 끈 만들기

이전에 만들었던 끈보다 길이도 길고, 바깥쪽에서 감침하여 만드는 것이
아니라 안쪽에서 홈질한 후 뒤집는 방법으로 만든다.

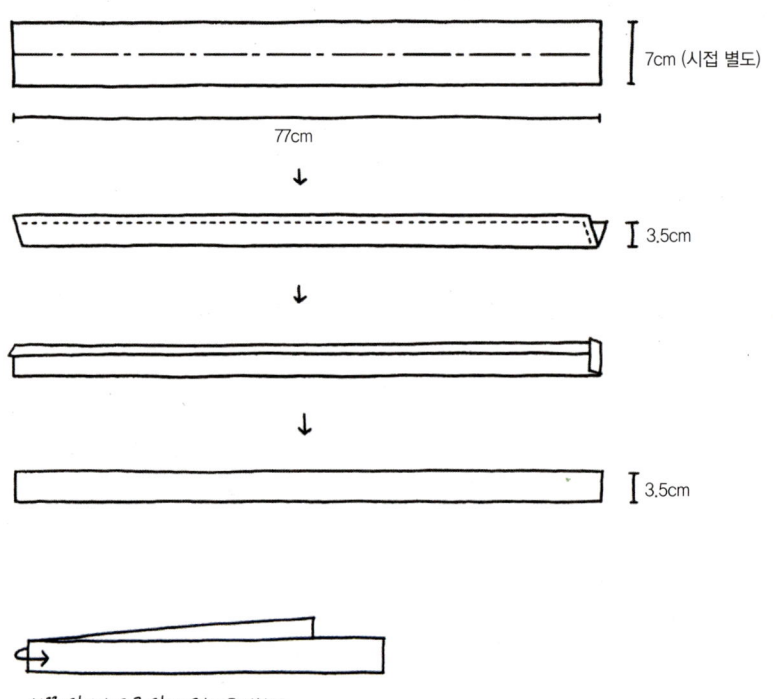

7cm (시접 별도)

77cm

↓

3.5cm

↓

3.5cm

한쪽 길이가 조금 길게 접어 표시한다.

## 4 뒷감 대기

뒷감을 준비할 때에는 앞감보다 크기를 조금 더 넉넉하게 준비하여 겉과
겉을 마주대어 가장자리를 홈질로 바느질한 후 뒤집는다.

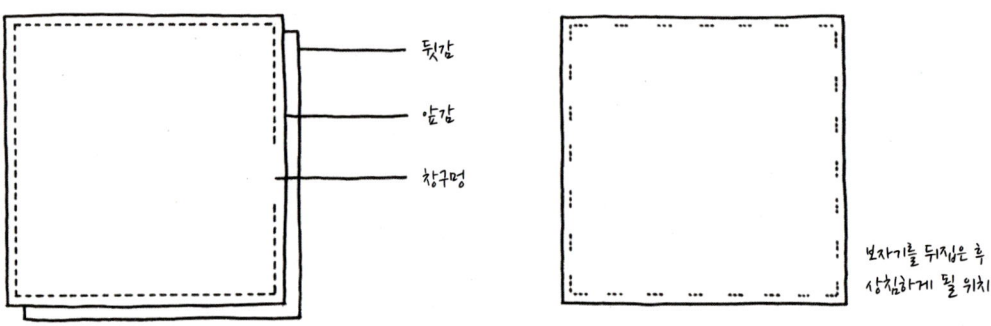

뒷감

앞감

창구멍

보자기를 뒤집은 후
상침하게 될 위치

## 5 상침하며 끈 달기

끈은 한쪽이 5~7cm 정도 더 길게 반 접어 보자기 모서리에 자리를 잡아주고 보자기
가장자리에 상침을 해주면서 함께 달아주도록 한다.
그림과 같이 끈으로부터 상침을 시작해 보자기의 가장자리를 따라 돌아오면 된다.

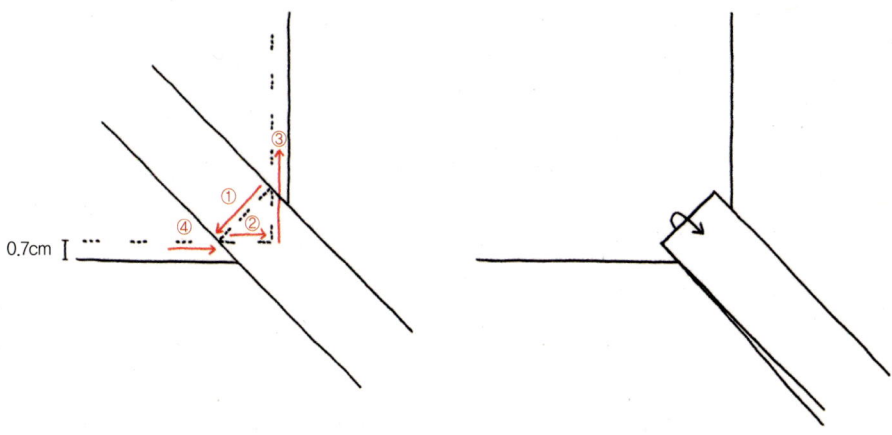

## 6 박쥐 달기

뒷감과 앞감을 고정시켜주기 위해 보자기 정중앙에 박쥐를 만들어 달아준다.
박쥐의 색깔을 잘 선택하여 주변 천들과 잘 어울리도록 한다.

# 자수보자기

바느질을 배우고 2, 3개월쯤만 지나면 이구동성으로 이런
이야기가 나오곤 해요.
"○○가 하나 만들어 달래요." "저도요, 저도요." 나도 하나
만들어 달라며 가벼이 건넬 말이 아니라는 것을 직접 해보기
전에는 알 수가 없는 일이겠지만 매번 냉정히 거절하기에도
마음이 쓰이는 것은 어쩔 수 없는 일이에요.
저라고 그런 경험이 없었겠어요? 바로 그럴 때 이 보자기를
만들어보세요. 저 역시 선물용으로 가장 많이 만든 보자기
중 하나이고 반응도 좋은 편이에요. 초보자도 간단히 만들
수 있고, 그 수고에 비하면 완성도가 높아 더욱 착한 보자기.
좀 더 성의를 보여주고 싶은 상대에게 가야 할 작품이라면
네 모퉁이에 색실로 술을 만들어 달거나, 상침을 화려하게
해주면 된답니다.
이젠 누가 하나 만들어 달라고 부탁해도 예전처럼
걱정스럽진 않겠죠?

How to
make

44p

# 자수보자기

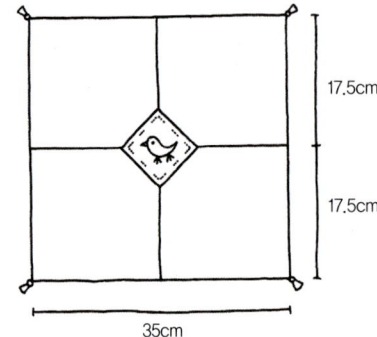

**재료** 선화견, 자수, 상침용 실

**마름질**
**조각** 17.5×17.5cm 4장
**자수** 5×5cm 1장
**뒷감** 35×35cm 1장

## 만들기

**1** 17.5×17.5cm 정사각형 4장을 마름질한 후 홈질이
나 감침질하여 이어준다.

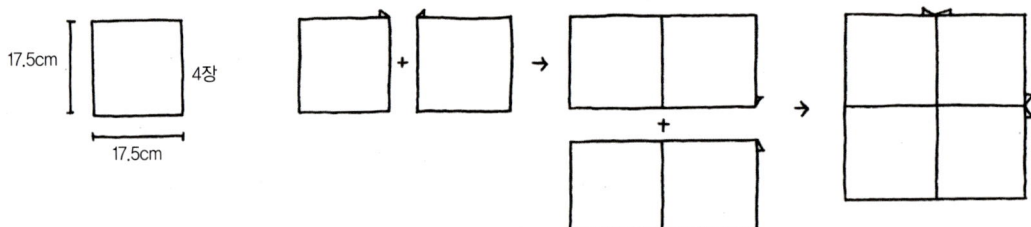

**2** 자수를 5×5cm 크기로 마름질하고 네 면 시접을
접어 조각판의 정중앙에 상침하여 고정한다.

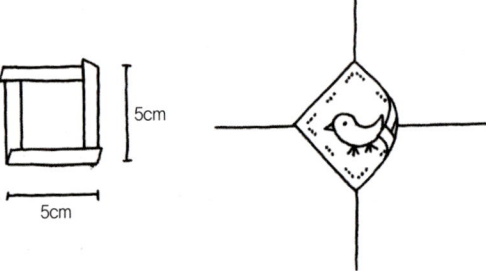

**3** 뒷감을 준비해 겉과 겉을 마주 대고
홈질한 후 뒤집어준다.
보자기의 가장자리 0.7cm 안쪽에 상
침해준다.

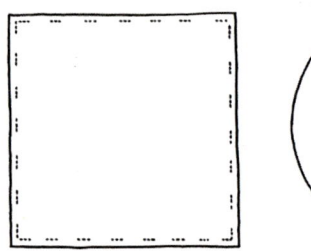
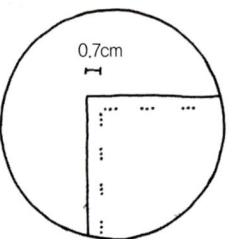

**4** 자수 보자기의 네 모서리에 술을 만들어 달아 장식
하여 완성한다.

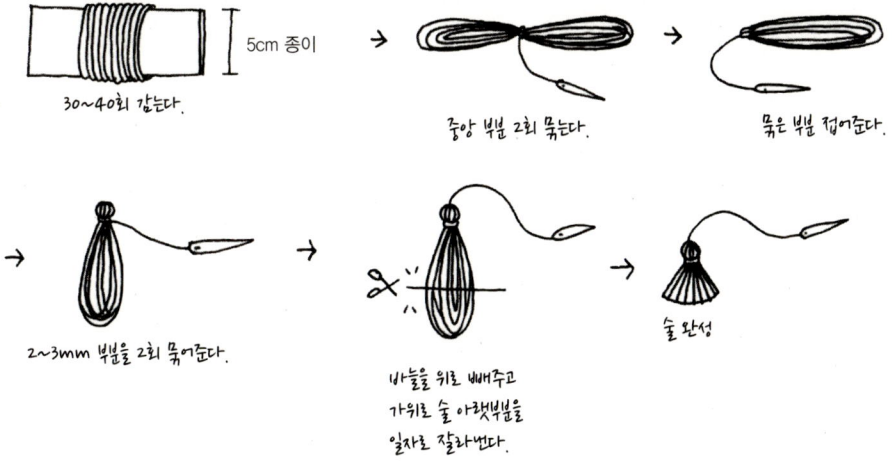

5cm 종이

30~40회 감는다.

중앙 부분 2회 묶는다.

묶은 부분 접어준다.

2~3mm 부분을 2회 묶어준다.

바늘을 위로 빼주고
가위로 술 아랫부분을
일자로 잘라낸다.

술 완성

# 다과보자기

오래 전 〈마지막 소장 전〉이라는 이름의 전시회에 간 기억이 있어요.
'마지막'이란 말에 '왜일까'라는 의구심이 생겼었죠. 알고 보니 오래된
규방 작품들을 수집하시던 분이 어떤 사정에서인지 그 모두를
외국으로 내보내기 전, 한국에서의 마지막 전시회를 열었던 거였어요.
마지막이어서인지 저는 열심히 전시회의 작품들을 돌아보며 하나하나
기억에 남겨두려고 노력했지요.

눈에 띄는 한 가지는 바로 작품들 구석구석에 숨겨진
장식물들이었어요. 보자기의 끝단에 쭉 매달아 장식한 새의
깃털에서부터 나무를 깎아 만든 구슬이나, 잣 열매를 천으로 감싸
만든 장식들까지 눈에 익지 않은 생소한 것들이 많았어요.

요즘과 다르게 예쁜 장식물 하나 넉넉하지 않았을 그 옛날, 하지만
옛 여인들은 없는 가운데서도 고민하고, 창작하고, 거기에 작은
기원까지 담아 그 소박한 장식들을 만들어냈을 거예요. 실로 만드는
'술', 천을 말아 만든 '박쥐', 그 이외에 '삭모 장식'이나 '잣씨 장식',
'연기 장식', '기러기 장식' 등이 바로 그런 것들이랍니다. 책 속의 여러
작품 속에는 그 몇몇 장식들에 대해 소개가 되고 있어요.

이 다과보자기에서는 작고 앙증맞은 모양의 잣씨 장식을 만나볼까
해요. 아마도 중년의 독자라면 어린 시절 잠자리의 베갯모에서 본
기억이 살짝 날지도 모릅니다.

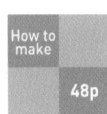
How to make
48p

# 다과보자기

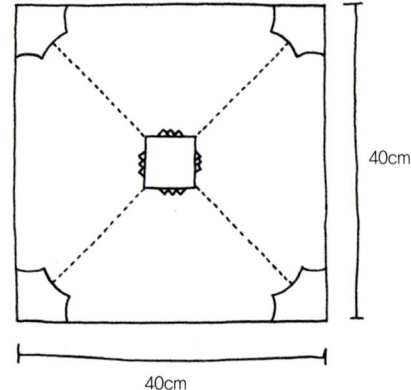

**재료** 숙고사

**마름질**
**앞감** 40×40cm 1장
**뒷감** 40×40cm 1장
**모서리 장식** 4장
**중앙 장식** 3×3cm 1장
**잣씨 장식** 2×2cm 12장 (시접 없음)

**만들기**

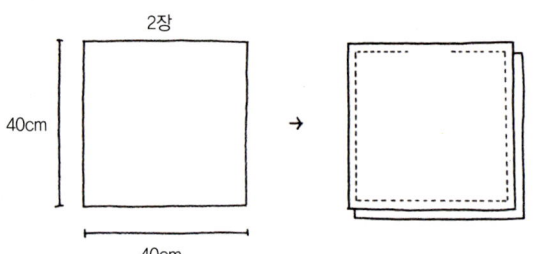

**1** 앞 · 뒷감을 맞대어 시침한 후 홈질하고
뒤집어 겹보자기를 만든다.

**2** 보자기 앞면에 대각선으로 홈질과 상침을 한다.

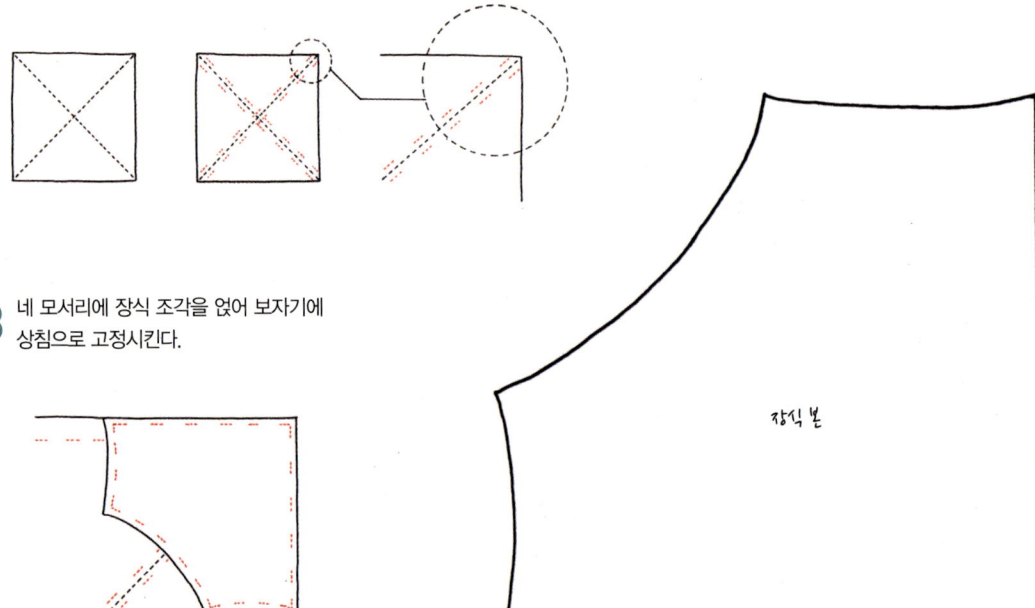

**3** 네 모서리에 장식 조각을 얹어 보자기에
상침으로 고정시킨다.

장식 본

**4** 잣씨 장식은 2×2cm의 천을 그림과 같이 접어 만들어 고정시킨 후,
사각형의 천을 덮어 함께 바느질하여 고정시킨다.

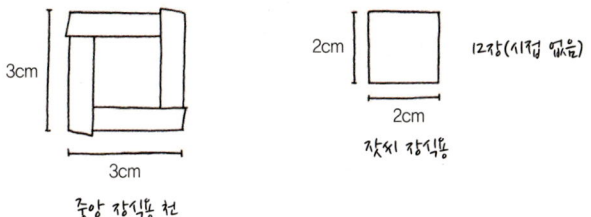

3cm

3cm

중앙 장식봉 천

2cm

2cm

12장(시접 없음)

잣씨 장식봉

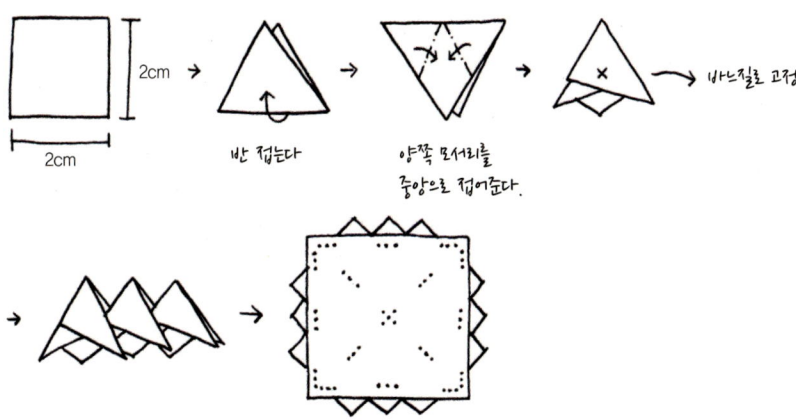

2cm

2cm

반 접는다

양쪽 모서리를
중앙으로 접어준다.

× 바느질로 고정

# 전통 주머니

우리 주머니는 그 종류가 꽤 많은 편이에요. 무엇을 넣어두느냐에
따라 이름이 달라지기도 하고, 주머니 귀의 모양이나 입구의 모양에
따라, 만드는 방법에 따라 이름이 달라진답니다.
여러분이 처음으로 주머니 만들기에 도전하는 동안은 아마도 어려운
종이 접기 방법을 배우고 있는 기분이 들지도 모르겠어요.
저 또한 그랬으니까요. 그렇다고 물러나서는 안 되겠죠?
어려우면 어려울수록 그 재미도 큰 법이랍니다.
주머니를 예쁘게 만드는 저만의 요령을 하나 살짝 소개해드릴까요?
그건 만드는 방법에만 너무 집중하기보다는 찰흙을 빚어 예쁜
도자기를 만들어가듯 구석구석 잘 매만져가며 전체적인 모양을
예쁘게 잡는 데 더 신경을 쓰라는 거예요.
자~ 이제 규방 소품의 세계로 첫걸음을 내디뎌볼까요?

How to
make

52p

## 전통 주머니

**재료** 자미사

**마름질**
주머니 겉감용 4장, 안감용 4장(주머니 2개분)
나비 매듭 2개

**만들기**

**1** 주머니 본(54p)을 만들어 겉감과 안감에 옮겨 그린다.
본은 천의 뒷면에 그리고 시접은 1~1.5cm 정도로 여유 있게 준다.

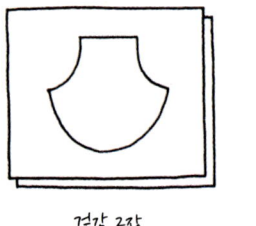

겉감 2장                안감 2장

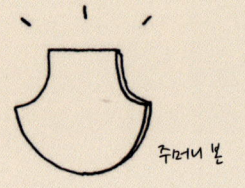

**Tip**
본이 필요할 땐 두꺼운 종이보다는 플라스틱 파일
류의 재료가 더 좋다. 사포를 이용해 곡선을 매끄
럽게 다듬을 수도 있고, 쉽게 변형되지도 않기 때
문이다.

주머니 본

**2** 겉감과 안감을 1장씩 겉면을 마주 대어 윗선을 홈질하
고 똑같이 하나를 더 만든다. 만들어놓은 2장은 각각
시접을 안감 쪽으로 올려 펼친 후 그 2장을 맞댄다.

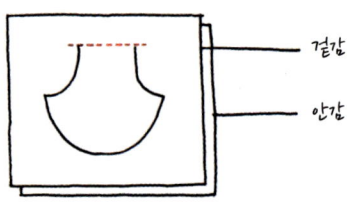

겉감
안감

**3** 겉감끼리 맞댄 부분의 하단 5cm 정도 창구멍을 바느질해준다.
창구멍을 열어두는 것이 아니라 바느질을? 하고 의아할 수 있지
만, 맞는 방법이다.

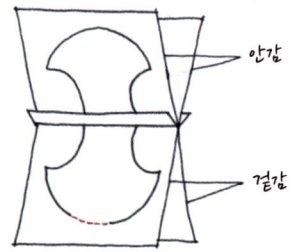

안감
겉감

**4** 안감 2장을 겉감 쪽으로 내려 접고, 겉감 2장과 함께 4장
모두 시침하여 고정한다.

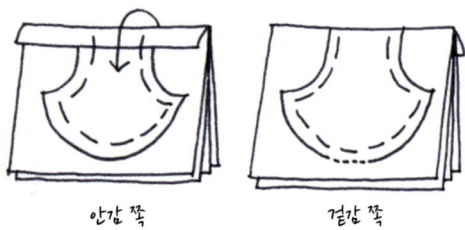

안감 쪽                겉감 쪽

**5** 겉감 쪽에서 주머니 그림을 따라 안감
2장과 함께 박음질한다(총 4장).

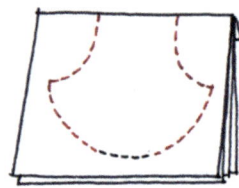

**6** 바느질 선에서 시접 1~1.5cm 정도 남긴 후 여분을 잘라내고, 주머니의 곡면은 1cm
간격으로 가윗밥을 내준 후 시접을 안감 쪽으로 접어 다림질한다.

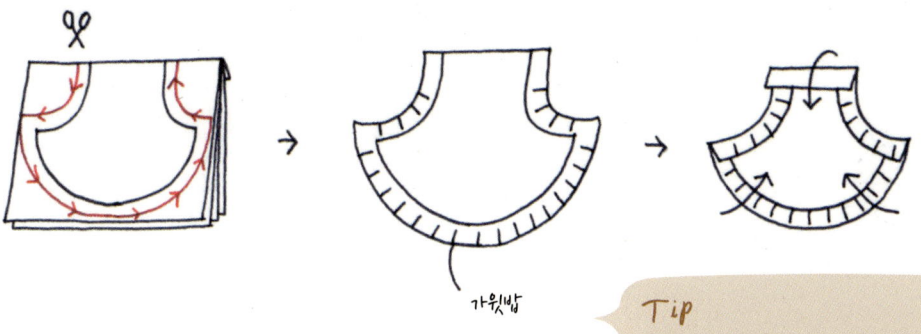

가윗밥

**Tip**
가윗밥은 적당한 간격(0.5~1cm 정도)으로 바느질
선에서 1~2mm 가까이 일정한 간격으로 내주어
야 주머니의 곡선이 매끈하게 마무리될 수 있다.

**7** 주머니 아래쪽의 창구멍을 통해 주머니를 뒤집으면 주머니의 안쪽
면이 나온다. 창구멍을 공그르기하여 막아주고 주머니 입구를 통해
다시 한 번 뒤집어주면 주머니의 겉면이 나온다.

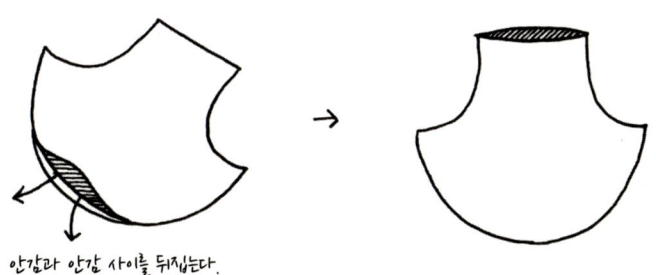

안감과 안감 사이를 뒤집는다.

**8** 주머니의 입구를 반듯하게 접은 후 송곳으로 구멍을
내어 나비 매듭을 달아주고 뒤쪽에서 도래 매듭을
만들어 마무리 짓는다.

**9** 주머니에 속을 채워 모양을 예쁘게 잡아주고 입구의
옆면을 바느질로 묶어 봉해둔다.

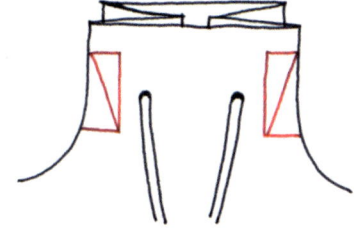

〈주머니 본〉

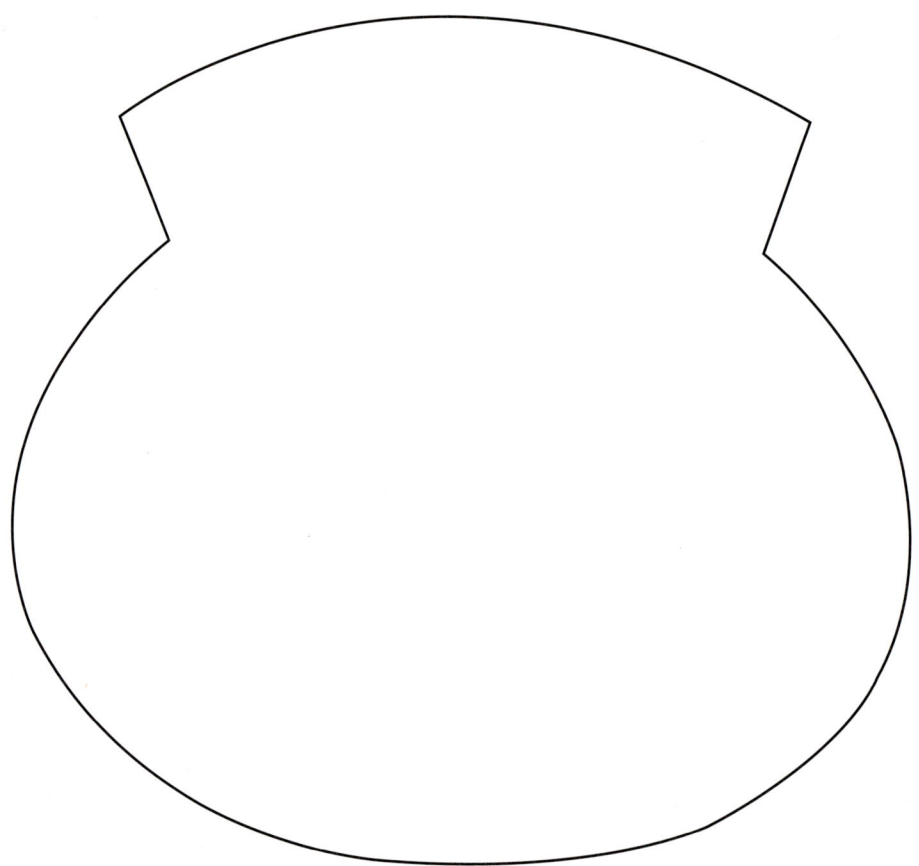

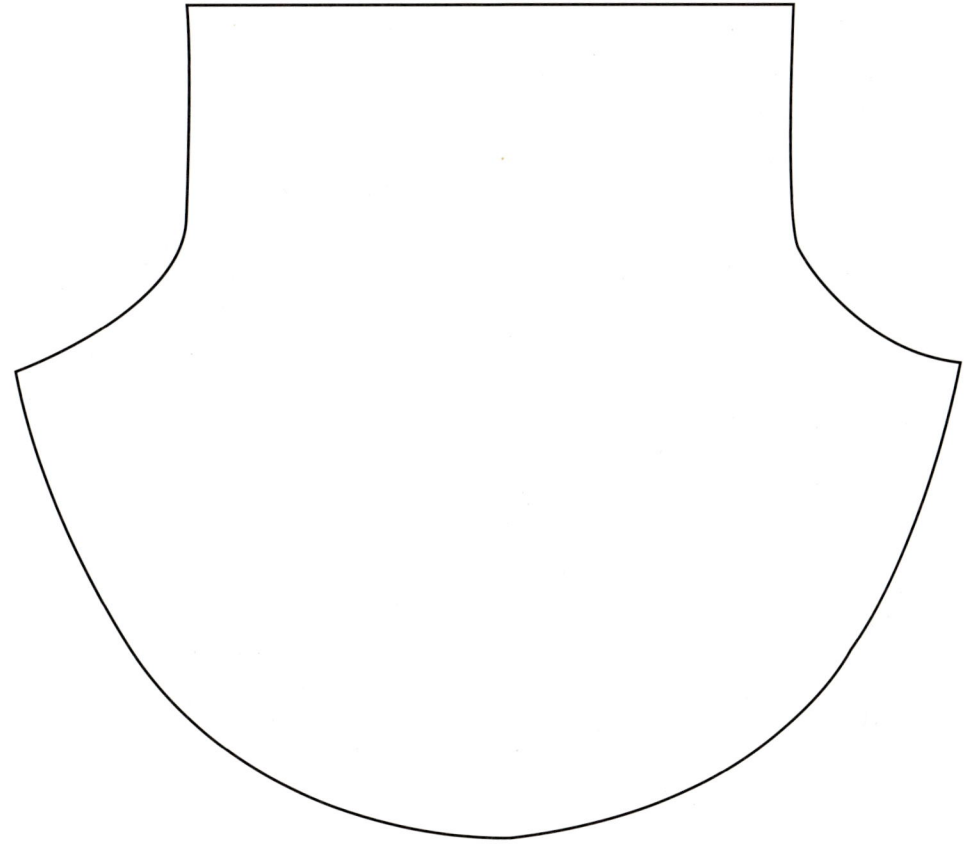

# 바늘방석

아마도 이미 여러 가지 모양의 바늘방석을 보셨을
거예요. 술 달린 모양의 것도, 끈이 달린 것도,
동글동글한 모양을 가진 것도요. 그 많고 많은 종류
중에 유독 사람들의 눈길과 특별한 사랑을 독차지하는
바늘방석을 소개해드리려고 해요.
난이도는 조금 높은 편이고, 거기에 더해 힘이 꼭
필요해요. 작업의 후반 과정은 밥 먹고 시작해야
한다는 농담이 그저 농담이지만은 않을 정도로 많은
힘이 필요하답니다.

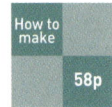

# 바늘방석

**재료** 명주, 견사, 솜, 바늘, 자, 가위, 하드보드지, 매듭

**마름질**
**명주** 4.5×4.5cm 5장, 4.5×6.5cm 5장, 지름 6cm의 하드보드지,
 1.5cm 폭의 바이어스 테이프, 5.5cm 지름의 명주 1장

## 만들기

**1** 윗면에 놓일 명주 4.5×4.5cm 5장을 시접을 모두
 접어 오각형 모양으로 이어 붙인다.

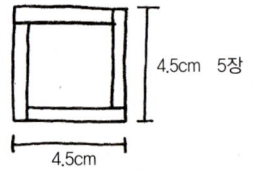
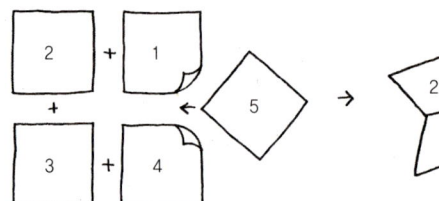
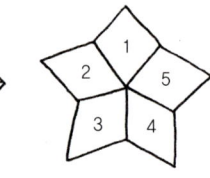

**2** 윗면이 다 완성되면 각 조각마다의 아래쪽에
 4.5×6.5cm 조각을 이어 붙여 치마 형태로 만든다.

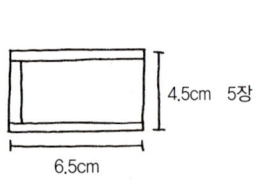
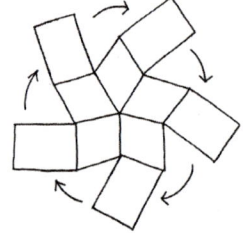

**3** 아랫단을 따라 굵은 실로 1cm 간격으로 홈질해 두른 후
 실을 잡아당겨 오므리면서 솜을 안쪽으로 채워 넣는다.

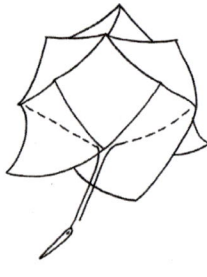

**4** 솜을 충분히 넣은 후 500원짜리 동전 크기만큼 입구
 가 작아지면 실을 단단히 묶는다.

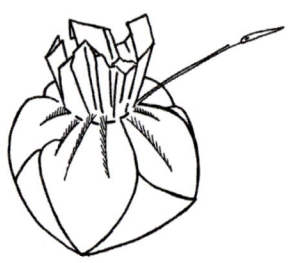

**5** 6cm 지름의 하드보드지 둘레에 바이어스 테이프를 풀로 붙
 여주고 오각형의 다섯 점을 송곳으로 구멍을 내어놓는다.

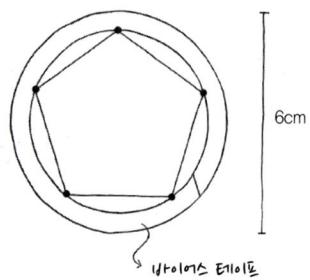

바이어스 테이프

**6** 굵은 실로 윗면의 꼭짓점과 하드보드지의 다섯 점을 오
가며 볼록볼록한 모양이 되도록 만들어준다.

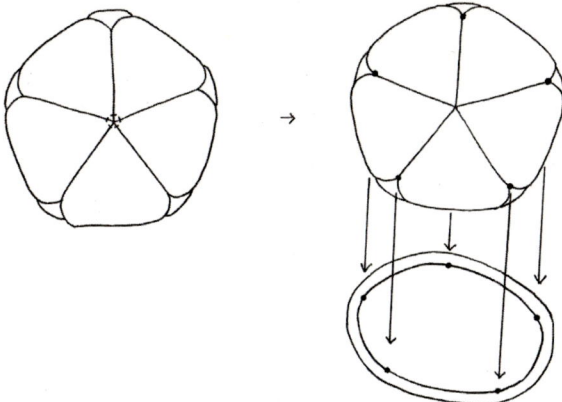

**7** 바늘방석의 윗면 중앙에 매듭을 달아준다.

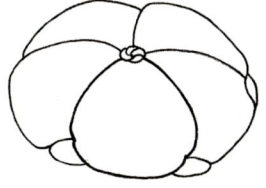

**8** 5.5cm 지름의 명주를 (시접 없이) 하드보드지 밑판에
풀로 붙여 깔끔하게 마무리한다.

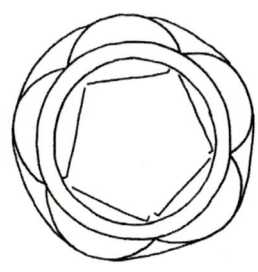

# 다기보

예전엔 개인 다기(茶器)를 휴대하고 다녔다고 해요.
정말 차(茶)를 즐겼던 것 같죠? 그 다기를 담는 주머니가
다기보랍니다. 물론 요즘은 그 용도보다는 선물포장이나
다용도의 주머니로 많이 사용되기도 하죠.
만드는 방법은 간단하고 소요 시간도 짧기 때문에
누구나 쉽게 만들 수 있어요. 엄마가 조금만 도와주면
어린아이라도 충분히 만들 수 있을 거예요. 정사각형
모양의 천을 가지고 용도에 따라 그 크기를 자유롭게
조절해 만들어보세요.

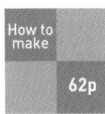

How to make
62p

# 다기보

**재료** 자미사, 매듭 끈, 가락지 매듭 6개

**마름질**
40×40cm 2장

**만들기**

1 마름질해놓은 앞·뒷감을 붙여 겹보
 자기를 만든다.

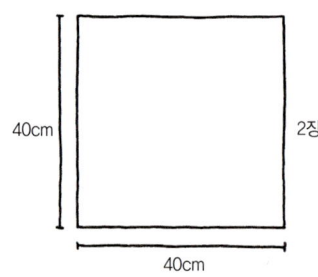
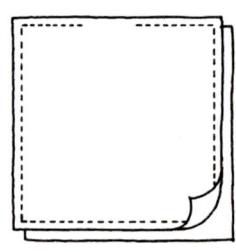

2 네 모서리를 중앙으로 모으고, 다시
 그 모서리를 절반쯤 바깥으로 접는다.

3 접힌 부분에 1cm 정도 간격을 두고 색
 실로 홈질하여 끈이 다닐 통로를 만들
 어준다.

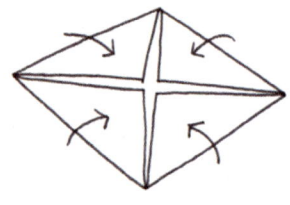
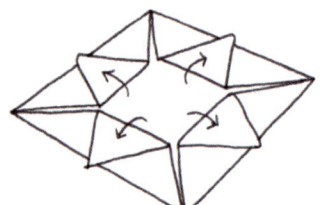
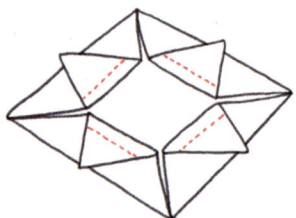

4 통로를 통해 매듭 끈 2개를 서로 엇갈
려 넣어준다.

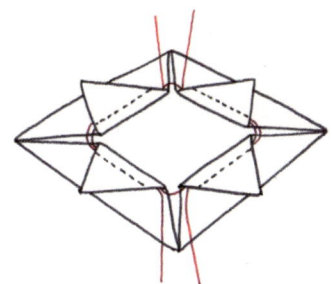

5 끈의 끝부분에 매듭을 이용해 손잡이
를 만들어주어 완성한다.

도래 매듭

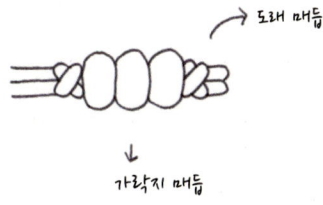

가락지 매듭

# 조각보, 작은 조각에
# 깃든 풍요로움

여기까지 오신 모든 분께 박수를 드릴게요. 뭐든 배우기

시작할 때 처음이 가장 어렵다는 거 잘 아실 거예요.

그 어려운 과정을 무사히 잘 넘겼다니, 이젠 선수가 다 됐

다고 말할 수 있어요. PART 2에서는 이제까지 익혀온 바

느질을 활용해 만들 수 있는 작품들과 많은 분이 기다리셨

을 모시 조각보에 대해서도 배워보도록 할게요.

# 여의주문 러너

이른 봄바람 한점에 성급한 제 마음은 봄날의
꽃밭을 꾸며요. 보들보들 고운 미모자, 깨끗한
느낌의 마가렛, 귀여운 데이지… 손끝에서 만들어진
저만의 꽃밭을 소개해드려요.
아무리 자세히 들여다봐도 어떻게 만들어졌는지
모르겠다는 표정들이네요. 눈썰미가 꽤 있다는
사람조차도 여의주문 러너 앞에선 고개를
갸우뚱거리기 일쑤거든요. 하지만 차근차근 잘
따라오면 누구에게나 재미있는 여의주문 러너.
종이 접기를 하는 건지 바느질을 하는 건지 모를
과정들이 기다리지만 그래서 더 재밌는 거겠죠.
인내심과 조금 넉넉한 시간이 필요하답니다.
순발력보다는 지구력이 더 필요한
여의주문 러너 만들기.
자, 이제 시작해볼까요?

How to
make

68p

# 여의주문 러너

**재료** 여러 종류 색깔의 견직물

**마름질**
**큰 조각**  13×13cm (시접 각 면 1cm 포함된 크기) 76장
**작은 조각**  3.5×3.5cm (시접 없음) 175장
**뒷감**  52.5×134cm 1장

## 만들기

**1** 큰 조각을 크기대로 마름질하고 네 면 시접선을 모두 표시한 후 접어 다림질한다. 크기를 정확히 해두어야 그 조각들을 이었을 때 크기가 맞지 않아 난처한 일을 피할 수 있다. 바느질은 가능하면 표가 나지 않으면서도 꼼꼼히 해주어야 하며 바이어스 방향으로 접을 때에는 늘어나지 않도록 주의해야 한다.

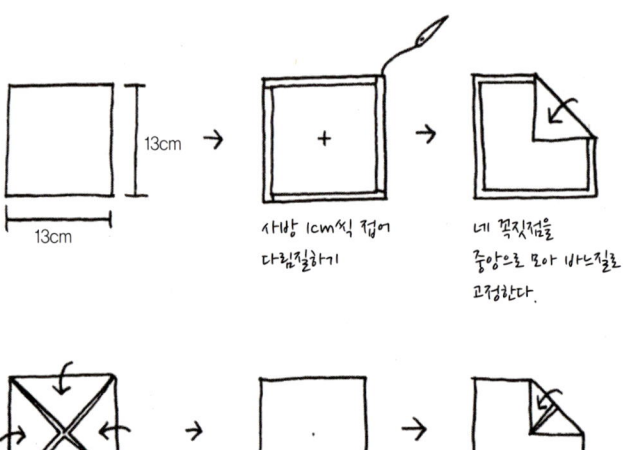

13cm
13cm

사방 1cm씩 접어
다림질하기

네 꼭짓점을
중앙으로 모아 바느질로
고정한다.

뒤집는다.

네 꼭짓점을
모아 바느질로 고정한다.

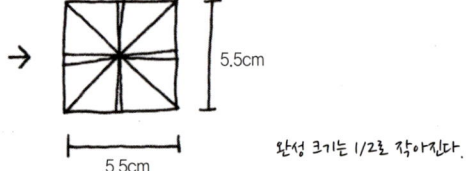

5.5cm
5.5cm

완성 크기는 1/2로 작아진다.

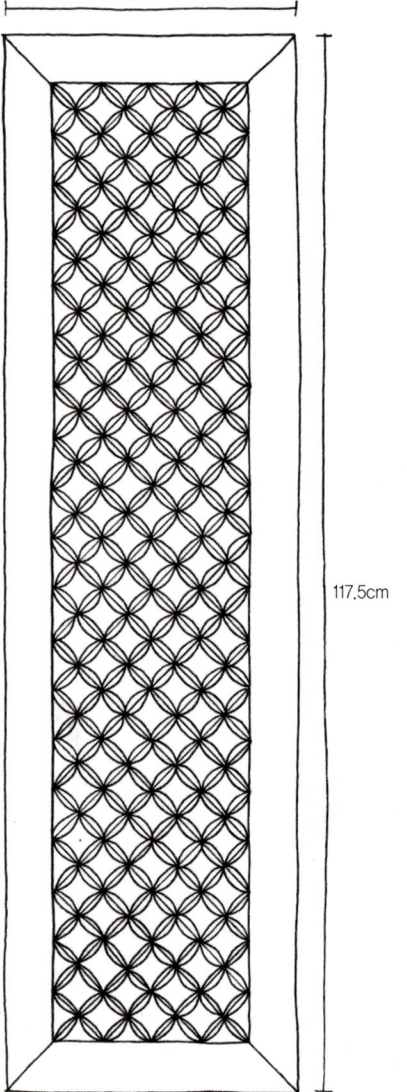

36.5cm

117.5cm

**2** 큰 조각끼리 겉면을 마주 대고 뒤쪽에서 감침질하여 조각판을 만들어나간다.
뒷면이지만 단단히 연결해주어야 한다.

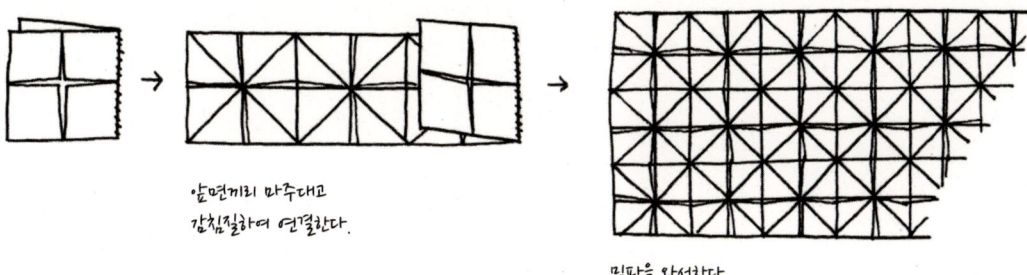

앞면끼리 마주대고
감침질하여 연결한다.

밑판을 완성한다.

**3** 큰 조각들이 만나는 곳에 작은 조각을 비스듬히 올려놓고 큰 조각의 네 면을 말아
올려 공그르기한다. 네 면을 동일한 크기로 접어 올려 원에 가깝게 모양을 잡는다.

조각 천을 올려놓고
시침하여 고정시킨다.

네 면을 감싸올려
공그르기하여 고정시킨다.

**4** 뒷감용 천을 준비한 후 완성한 앞판을 올려 시침하여 고정시킨다.
앞감에는 시접이 따로 없기 때문에 뒷감을 앞판에 조금 더 넉넉히 올려 상침으로
고정해야 한다.

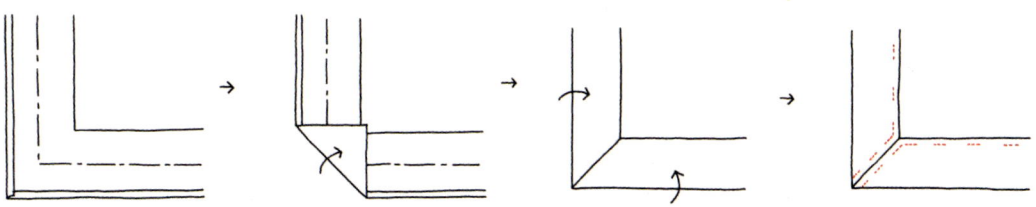

# 산수화 보자기

누구나 한 번쯤은 들어봤을 노래 한 구절
"물 항라 저고리가 궂은비에 젖는구려."
기억하시죠? 노래 구절 속의 항라가 바로 이 천이에요.
가느다란 줄무늬의 시원한 항라는 여름용 얇은 직물이고,
홑보나 겹보, 어느 바느질에도 잘 어울린답니다.
규칙적인 줄무늬가 특징인데 그 줄무늬를 정성껏
한 방향으로 맞춰 조각을 잇기도 하고,
때론 다양한 방향으로 조각을 이어 색다른 느낌을
주기도 해요.

How to make

72p

산수화 속의 깊은 골짜기와 험한 산세를 조각보로 표현해보고
싶은 마음에서 시작된 스케치는 수십 번의 수정 과정을 거쳐
구성이 결정되고, 자연스러운 배색과 분위기에 거슬리지
않는 섬세한 바느질에 중점을 두고 작업은 시작되었어요.
각 조각을 이을 때 사용된 감침실은 제 천에서 한 올씩 뽑아
사용했는데, 여러분도 한 번쯤 해보시길 권해드려요. 정말
섬세한 바느질을 경험할 수 있답니다.
이 조각보는 KBS 드라마 〈신데렐라 언니〉에서도
소개되었답니다.

## 산수화 보자기

**재료** 항라

**만들기**

**1** 도안에 따라 모양대로 본을 만들어 하나하나 마름질한다.

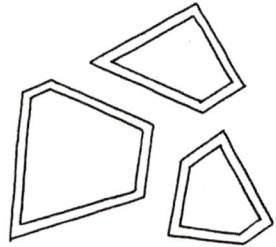

**2** 2~3조각들을 감침하여 잇는다.

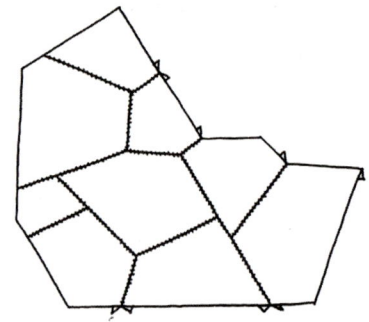

**3** 간지를 아래 그림과 같이 준비하여 조각판의 네 면 가장자리에 대준다.

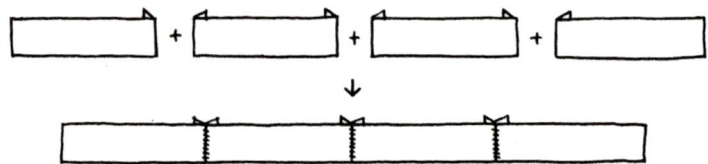

간지 대는 순서

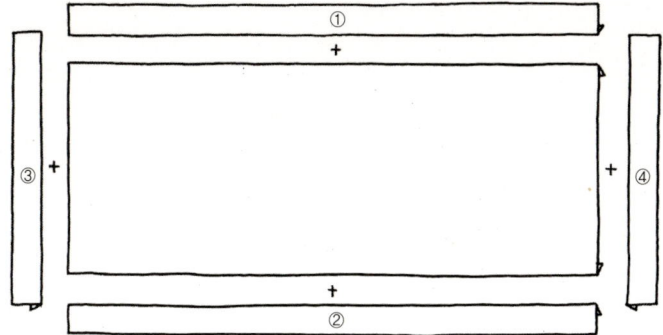

**4** 앞감이 완성되면 뒷감을 대고 뒤집어 보자기를 완성한 후, 가장자리에 상침한다.

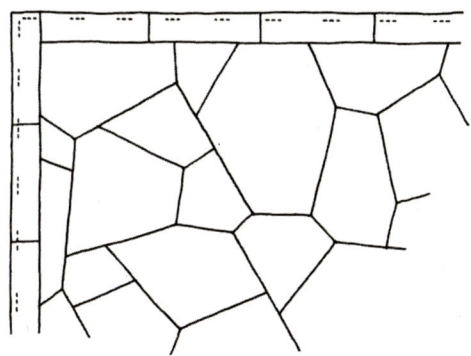

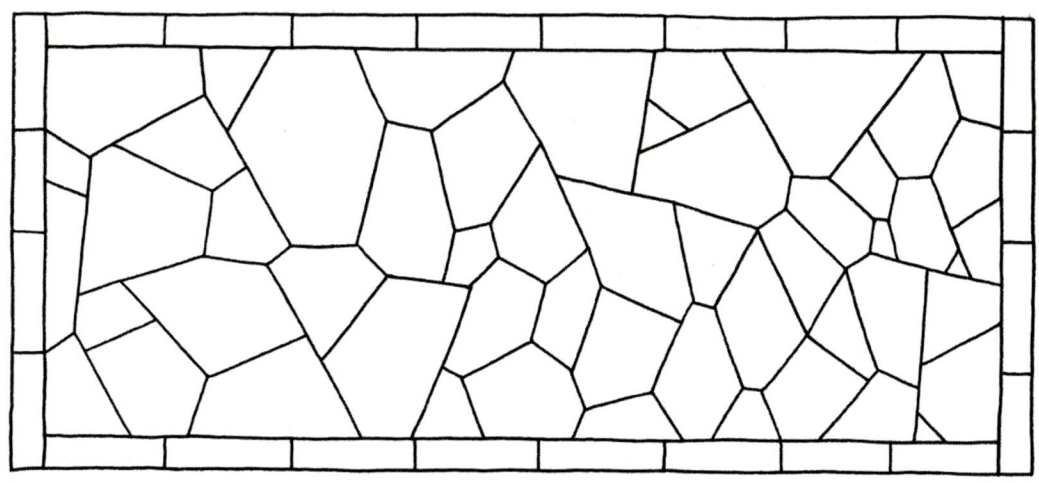

# 오방색 겹보

새롭게 시도해본 바느질을 소개할게요. 오랫동안 바느질을
해오면서 구성의 변화, 색의 변화, 소재의 변화를 통해 다양한
작품을 만들어왔지만 언제였는지 '거기서 거기' 라는 벽에
다다른 느낌이 들었어요. 조각보의 느낌을 그대로 살리면서
뭔가 새로운 것이 없을까? 라는 고민을 했었죠.
틈틈이 상상만으로 분위기를 잡고 길이와 폭을 가늠하고,
그렇게 만들어진 보자기랍니다.
오방색을 사용해서 전통적인 느낌을 살렸는데,
화려한 색감을 좋아하는 분이라면 마음에 드실 거예요.
작업을 시작하기 전에 구성에 대해 충분히 생각해놓지 않으면
큰 조각들을 붙여나갈 때 만나지 말아야 할 색들이
만나는 일을 겪게 되니 이 점을 꼭 주의해야 해요.

How to
make

76p

74

## 오방색 겹보

**재료** 궁중 견

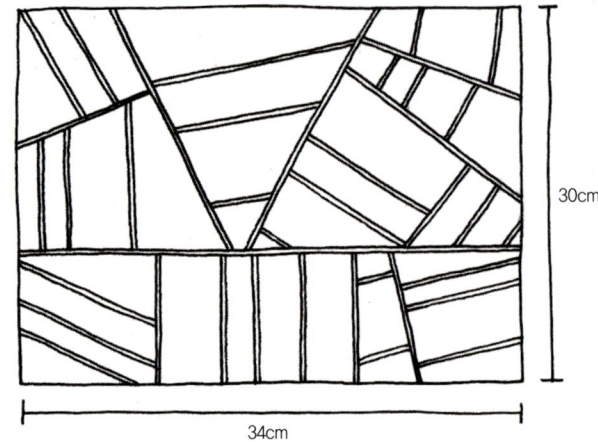

30cm

34cm

**만들기**

**1** 면으로 보일 부분과 선으로 보일 부분으로 나누어 다양한 색의
천들을 준비한다.

각 면 시접은 다음과 같이 준다.

넓은 면

→

9mm

7mm

7mm     9mm

좁은 면

1.8cm →

9mm

**2** 다음 그림과 같이 폭이 넓은 천과 좁은 천을 홈질하여 차례대로 이어 붙인다.

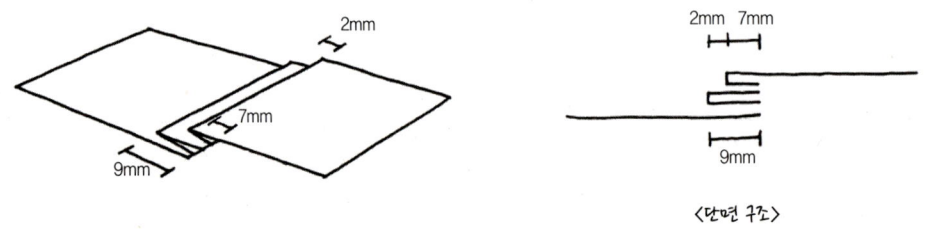

2mm

7mm

9mm

2mm  7mm

9mm

〈단면 구조〉

**3** 몇 개로 나누어 이어 붙인 큰 조각들은 방향을 다양하게 바꾸며
연결하여 앞판을 완성한다.

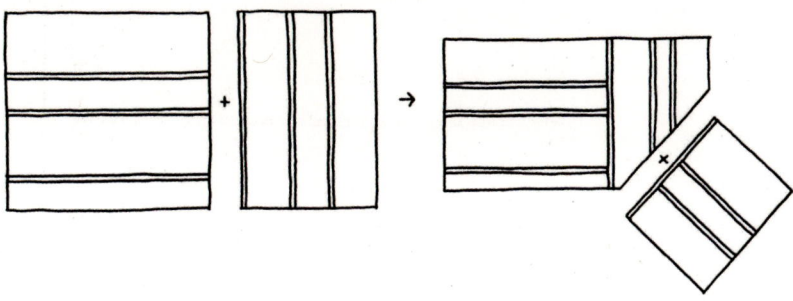

**4** 간지 없이 뒷감을 대고 가장자리를 따라 상침하여 완성한다.

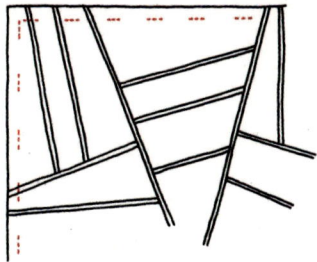

# 족자

제게 굳이 액자와 족자 중 하나를 선택하라고
한다면 액자보다는 족자를 선택하겠어요.
섬유 작품은 액자 속에 보관하는 것보다는 그대로
걸어놓거나 얹어놓고 감상하는 것이 좋다고 하는
얘기도 있어요. 실제로 액자의 유리나 아크릴을
사이에 두고 보는 것보다 좀 더 가까이, 질감도
느껴가며 감상할 수 있는 족자가 더 좋아요.
족자는 보통 서예나 민화, 동양화 등을 천에
배접하여 벽걸이 형태로 만들게 되는데,
저는 조각 천들을 이어 붙여 족자를
만들어보았어요. 벽에 걸어두고 보다가 가끔은
테이블 위로 내려두어도 괜찮을 거예요.

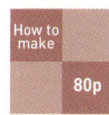

How to
make

80p

## 족자

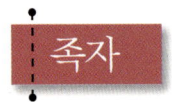

**재료** 궁중 견, 자미사

**마름질**

**조각** 가로 30cm 폭의 다양한 너비의 조각 천들

**뒷감** 41×152.5cm 1장

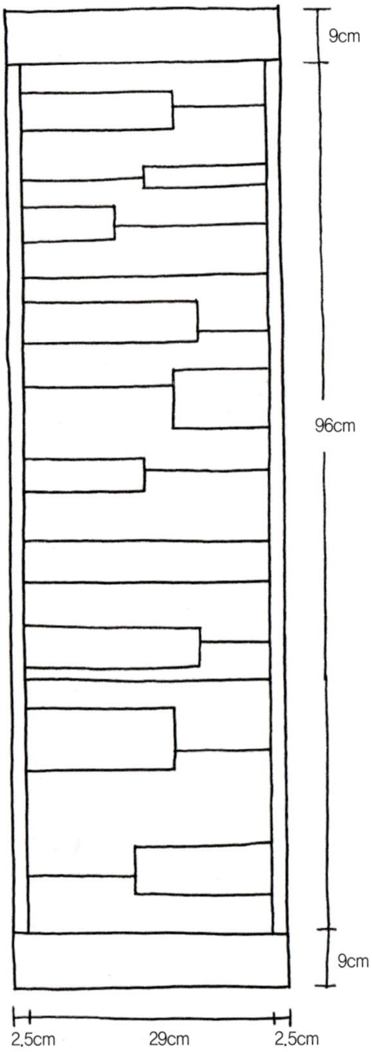


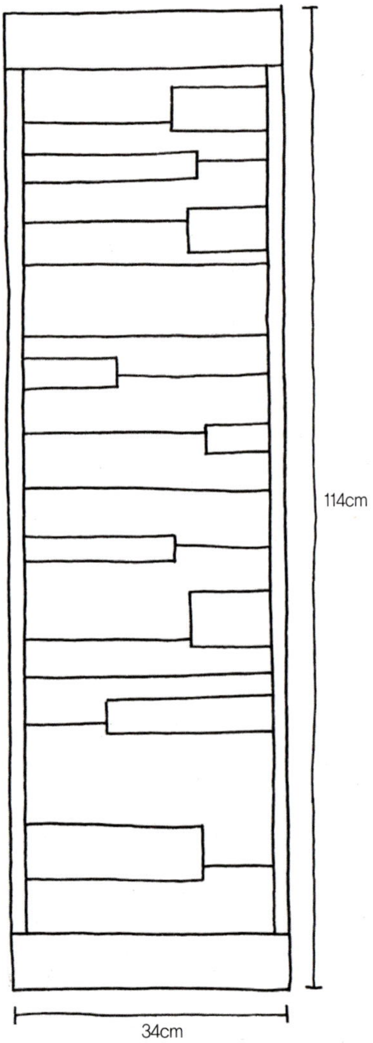

## 만들기

**1** 마름질하기
밑판용 천은 여러 색의 천을 다양한 높이로 마름질한다. 가로
폭은 30cm, 높이는 2~8cm로 다양하게 한다. 덮개용 천 역시
길고 짧게, 혹은 넓고 좁은 모양으로 마름질하여 준비한다.

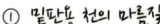

① 밑판용 천의 마름질

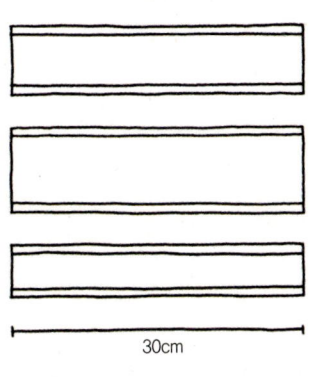

30cm

② 덮개용 천의 마름질

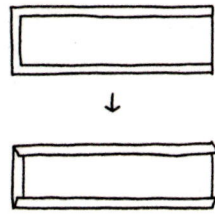

**2** 밑판용 천을 한 단 한 단 쌓아 올리면서 감침질
한다. 견사의 색을 다양하게 사용해도 좋다.

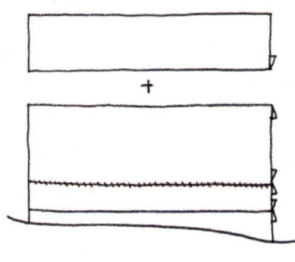

**3** 이어 붙인 조각들 사이에 덮개용 천을
올려 시침한 후 상침하여 고정시킨다.
시접을 반듯하게 접어 다림질하고, 모
서리의 각을 잘 잡아야 뭉툭해지지 않
는다.

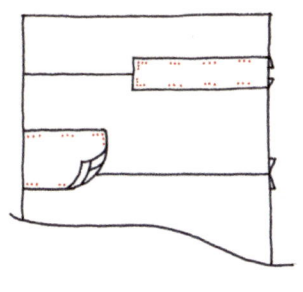

**4** 뒷감을 댈 때 다른 점이 있다면 위·아래쪽으로 대나무를 넣을 수 있는 공간을 만들어
준다는 것이다. 대나무가 밖으로 비쳐 보이지 않고 약하지 않도록 두 겹으로 만들어준
다. 아래 부분에 대나무를 넣어두면 벽에 걸었을 때 그 무게감으로 안정감 있게 보인다.

① 상단과 하단의 간지는 충분히 길게 준비한다.
대략 원하는 간지 폭의 4배 정도이다.

② 우선 절반을 접어 올린다.

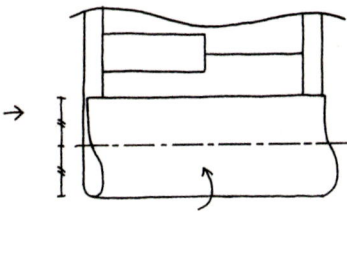

③ 접은 면의 절반을 다시 한 번 접어 올려
뒷감까지 상침하여 연결한다.

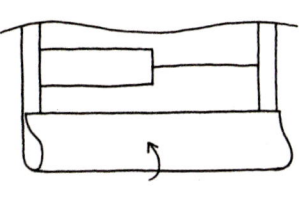

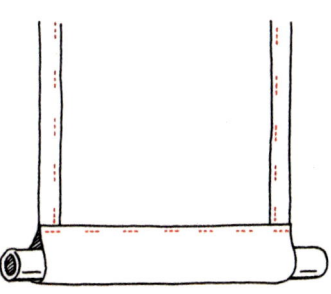

# 모시 다과상보

드디어 모시예요. 언제쯤 나오나, 기다린 분들이 많았을
거예요. 모시 조각보에 대한 사람들의 애정은 생각보다
대단하다는 걸 잊을 새 없이 느끼곤 해요. 완전히 투명하지도
그렇다고 완전히 불투명하지도 않은 은은한 '비추임'에서
느껴지는 신비로움이 그 매력이 아닐까 싶어요. 홑보의
바느질 기법 또한 처음 접해보는 사람들에겐 신기한 마술과도
같은 느낌을 주기도 한답니다.
예부터 모시는 5~9월까지 기온이 따뜻한 동안에 바느질을
하도록 정해두었다고 해요. 소재 자체가 마른 풀과 같다고
생각하면 이해가 쉬울 거예요. 춥고 건조하면 꺾어지고
부러질 수 있다는 것.
조각보를 만들기에 앞서 홑보 바느질의 한 가지인 쌈솔에 대해
충분히 배워보도록 하세요. 그리고 처음에는 큰 것보다는
작은 것부터 하나씩 하나씩 만들어보도록 해요.

# 모시 다과상보

**재료** 모시

**마름질**
**중앙의 작은 조각**   자유로운 크기로 15～20장
**위아래 조각**      7.5×15cm 8장
**좌우 조각**       5×10cm 8장


**만들기**


## 쌈솔 바느질의 기본

1 쌈솔이란 시접을 서로 맞물려 고정시켜 밖으로 노출되지
않도록 처리하여 1장의 천을 보자기로 사용할 수 있도록
하는 바느질 기법이다.

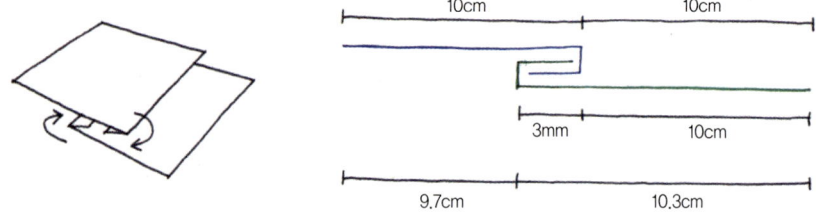

2 겹보를 만들 때처럼 각 면 동일한 크기로 시접을 주게 되
면 쌈솔의 구조상 완성 크기가 줄어들기 때문에 그 점을
감안해 필요한 부분에 시접을 더 주어야 한다.

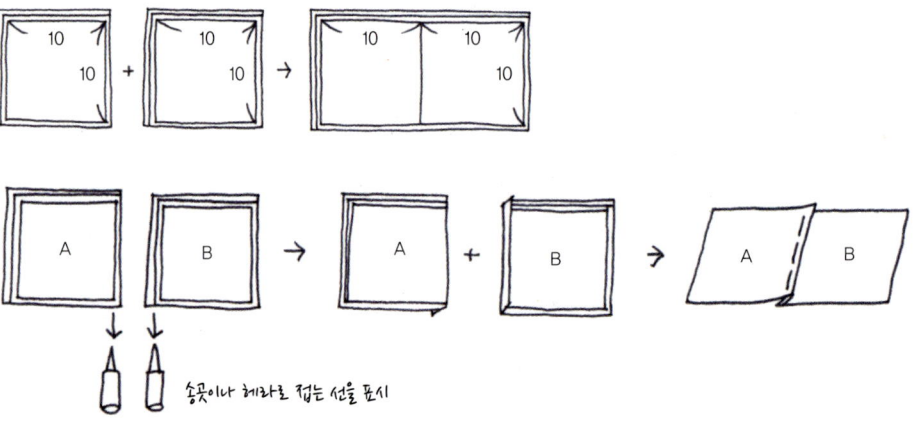

송곳이나 헤라로 접는 선을 표시

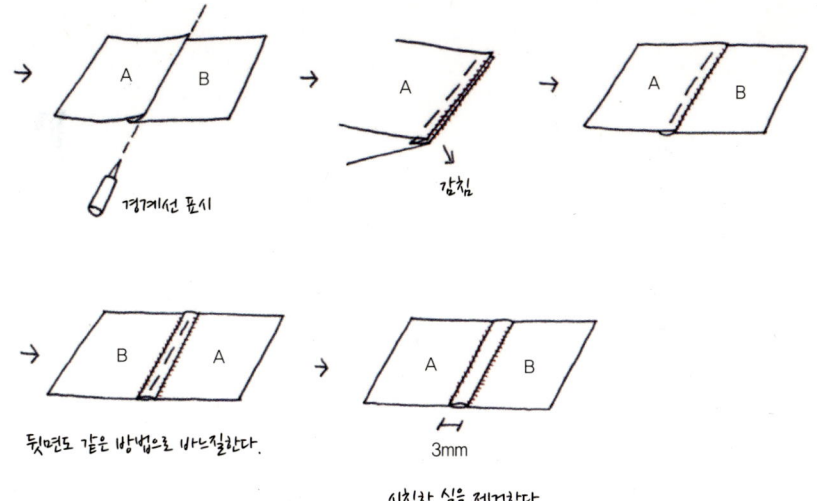

경계선 표시

감침

뒷면도 같은 방법으로 바느질한다.

3mm

시침한 실을 제거한다.

**3** 시접은 2~5mm 사이로 본인이 원하는 만큼 줄 수 있는데 시각적으로는 시접이 얇을수록 더 예쁘게 보인다. 하지만 바느질이 쉽지 않기 때문에 초보자는 3~4mm 정도 시접을 두고 시작해보는 것이 좋다.

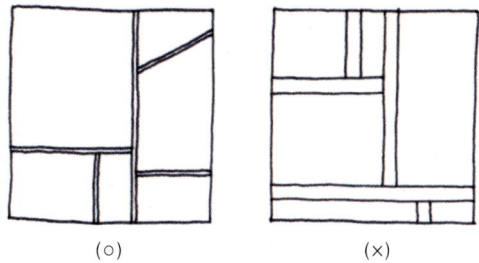

(○)　　　　　(×)

**4** 조각이 이어지는 부분의 시접이 넘겨지는 방향을 한쪽으로 정하고 시작하도록 한다(예를 들어 세로선은 오른쪽, 가로선은 아래쪽).
시접 방향이 일정하지 않으면 시접 계산도 어려워지지만 보자기에 굴곡이 생겨 좋지 않다.

# 모시 다과상보 만들기

**1** 조각 이어 붙이기-1
중앙 부분의 작은 조각들을 이어 붙여 10×30cm 크기로 이어 붙인다.

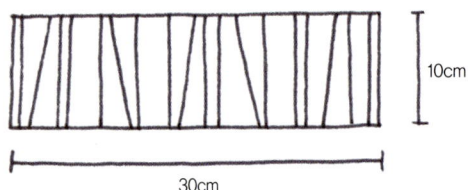

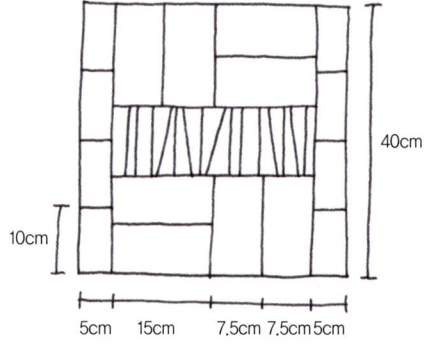

**2** 조각 이어 붙이기-2
7.5×15cm 크기의 모시 4장을 그림과 같이 붙여 위·아래쪽에 연결하고, 5×10cm
크기의 모시 4장을 길게 이어 붙인 5×40cm 조각은 좌우에 붙여준다.

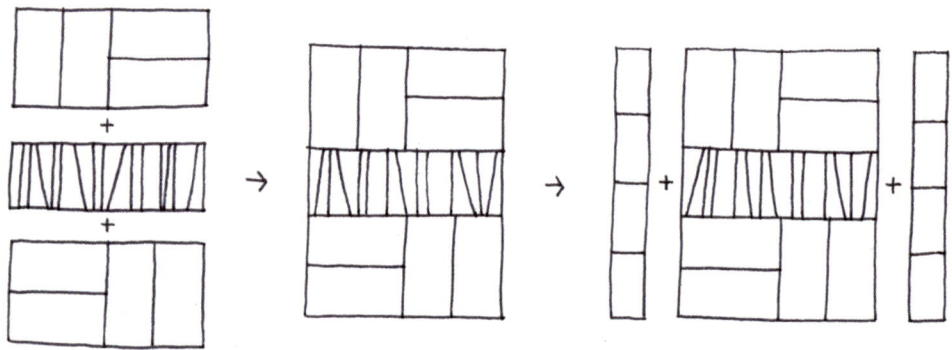

**3** 가장자리 정리하기
가장자리의 시접은 뒤쪽으로 두 번 접어 감침하고 펴준다.

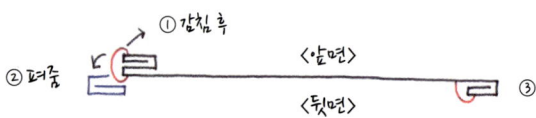

# 발과 방장

쌈솔 바느질은 즐거우셨나요?
신기하다는 분도 계실 테고 어려웠다는 분도 계실 거예요.
처음 쌈솔 바느질을 해보면 시접이 겹보에 비해 좁아지는데다
그 시접을 접어 맞물리는 작업을 해야 하기 때문에
생각보다 예쁘게 나오지 않죠.
하지만 자꾸 하다 보면 점점 시접도 가늘고
고르게 나오고 바느질도 깔끔히 나오게 된답니다.
그러니 힘들다고 포기하지 말고
열심히 반복적으로 해보시길 권해드려요.
쌈솔이 익숙해지고 다과상보 정도는 쉽게 만들 수 있는 정도로
바느질이 편해지면 많은 분이
꿈꾸는 발이나 방장에 도전해보세요.

How to make

91p

발이나 방장은 창으로 들어오는 빛을 가려주는
커튼 용도로 사용할 수도 있고, 정사각형 형태의 방장은
물건을 싸는 보자기용으로도 사용할 수도 있답니다.
완성된 작품의 상단에 천으로 고리나 끈을 만들어 달아
대나무 등에 걸거나, 묶어 사용할 수 있도록 합니다.
완성 크기가 커질 뿐 쌈솔 바느질의 기본만 기억하면
어려울 일이 없답니다.
도안을 참고하거나 스스로 마음껏 구성하여
멋진 바느질을 뽐내보세요.

# 발과 방장

**재료** 숙고사, 모시, 옥사 등

소개된 방장의 도안은 처음 도전해보는 분들을 위한
간단한 구성이다.
제일 작은 정사각형의 크기를 5cm로 정하고(표시된
정사각형) 그 크기가 2배면 10cm, 3배면 15cm 등으로
계산하여 마름질하면 된다.
완성 사이즈를 더 크게 하고 싶거나 작게 하고 싶다면
기본 조각을 3cm 혹은 6cm 정도로 조정하면 된다.

## 만들기

**1** 각 조각들을 마름질하여 준비한다. 이때 중복되거나 빠진 것이 없도
록 체크하고 잘 보관하면서 이어 붙여나간다. (단위 : cm)

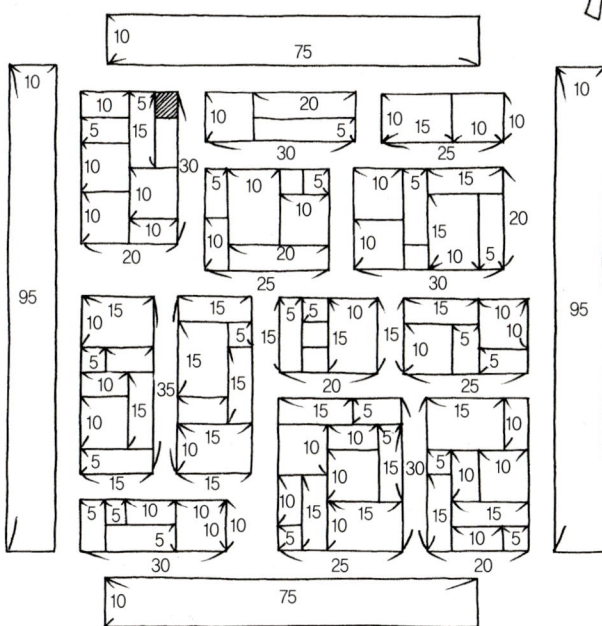

**2** 사이즈대로 끈을 4개 준비한다. 끈 역시 한 겹으로 만들고 가장자리 바느질은
홑보의 가장자리 처리법(p.86)과 동일하다.

3.5cm / 4개

55cm

**3** 시접 0.5cm의 장식 본 4장을 준비하고 그 시접은 다섯 면의 뒤쪽으로 넘겨 다림질해 놓는다. 이때 곡면의 시접은 가윗밥을 조금씩 내준다.

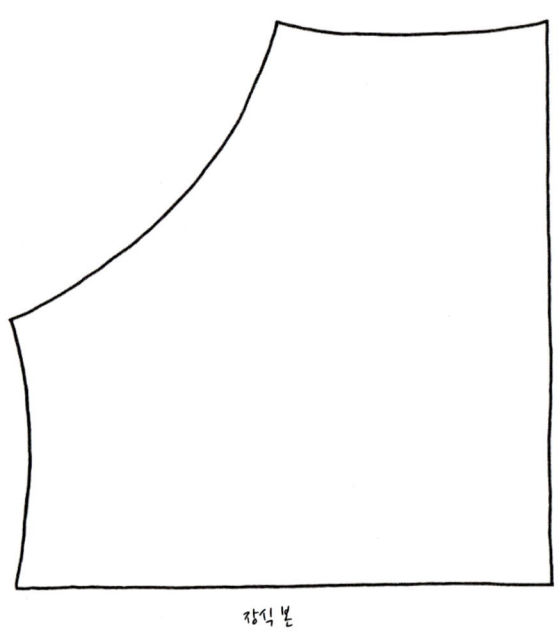

장식 본

**4** 네 모서리에 끈 하나씩을 놓고 준비된 장식 본을 1장씩 얹어 붙인다.

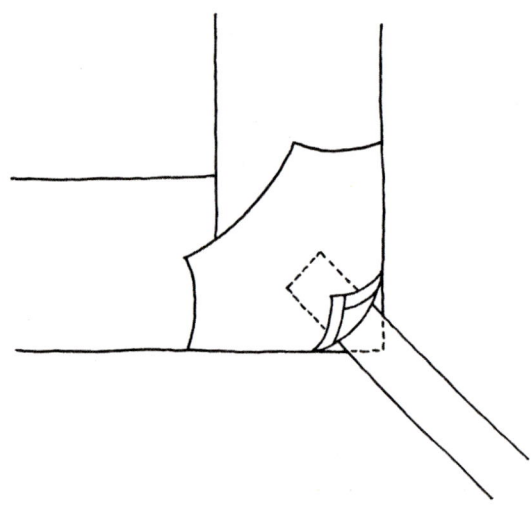

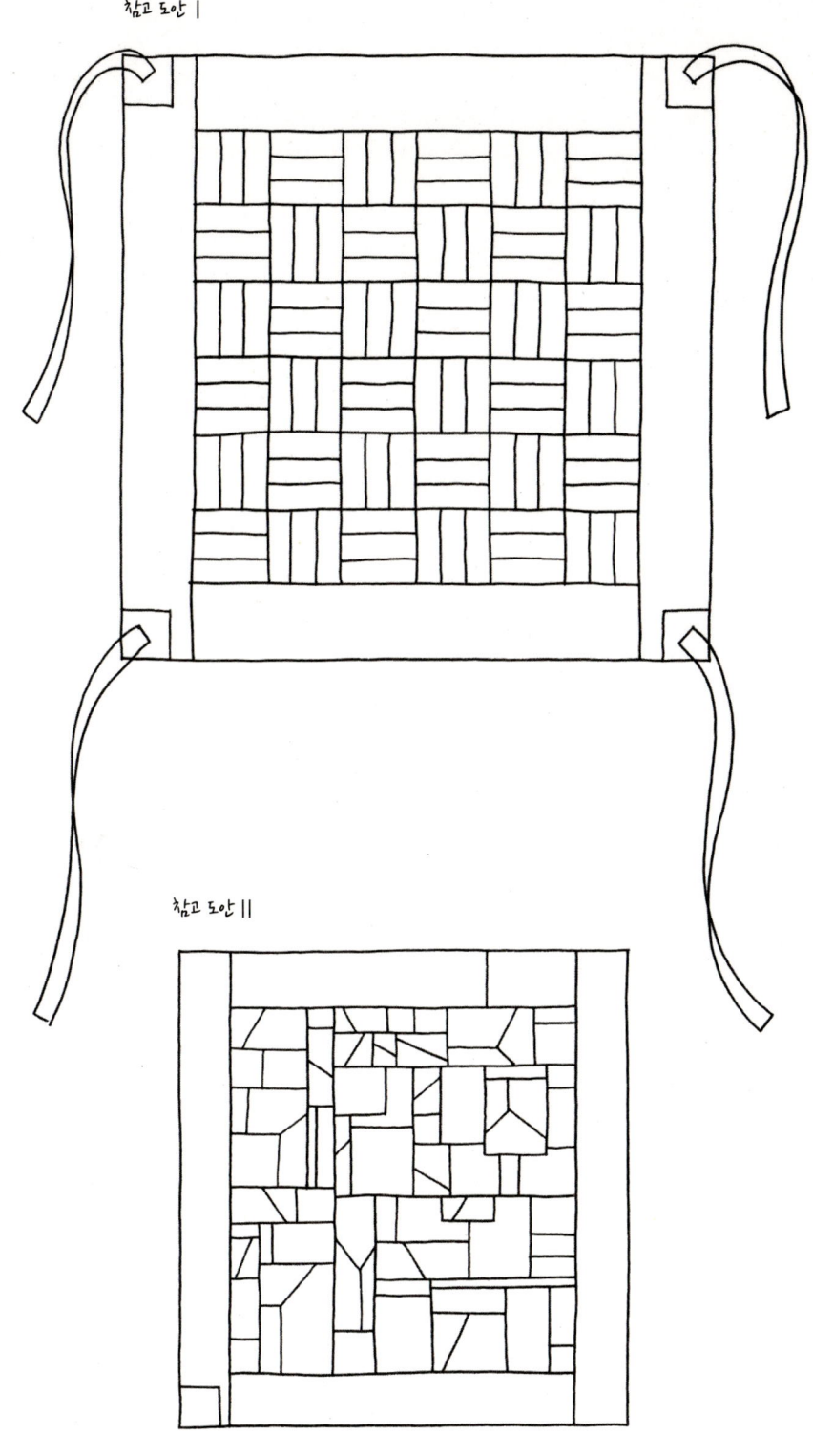

참고 도안 I

참고 도안 II

# 선화견 겹보

제가 사랑하는 특별한 조각보 한 점을 소개해드릴게요.
어디가 특별한지 눈에 잘 띄지 않으시죠? 이 조각보는
저 혼자가 아닌 6명의 학생들과 함께한 바느질이기
때문이랍니다. 고참학생의 숙련된 바느질부터 시작한 지
얼마 되지 않은 신입생의 비뚤비뚤한 바느질까지 모두
한곳에 모아보았거든요.
크고 작은 구획을 분담하고 똑같은 천을 나누어 각자 알아서
꾸미기. 시간이 지나 하나 둘씩 제게 다시 모아졌을 때, 짝을
맞춰 이어 붙이고 곳곳에 제 바느질도 숨겨놓았어요.
이 조각보를 볼 때면 그들 한 명 한 명이 모두
그리워진답니다. 잘 지내고 있는지, 모두들.

# 꽃담 개화

벌써 오래 전의 일이네요. 한동안 경복궁이나
덕수궁의 꽃담에 빠져들어 구성을 짜고
조각보를 만들어내곤 했었답니다. 이제는
집 밖에 꽃담 하나씩 갖고 살지는 못하지만
예전에 그랬던 것처럼 하나하나 뜻을 담고
기원을 담아 조각보를 만들어요.

How to
make

98p

# 꽃담 개화

**재료** 선화견

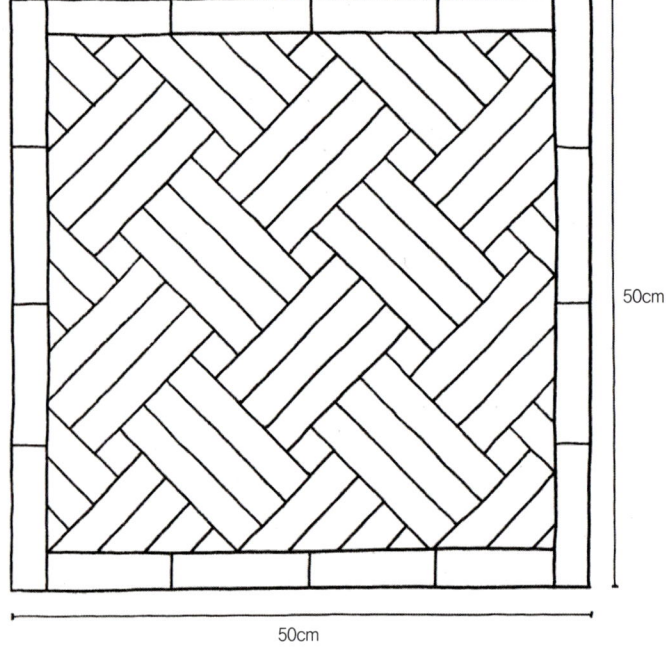

50cm

50cm

**만들기**

**1** 크기대로 조각 천을 개수만큼 마름질하여 준비한다.
중간중간 들어갈 정사각형 천에는 꽃수를 놓아 장식해둔다.
실제 꽃담에도 이 부분은 꽃 문양이 조각되어 있다.

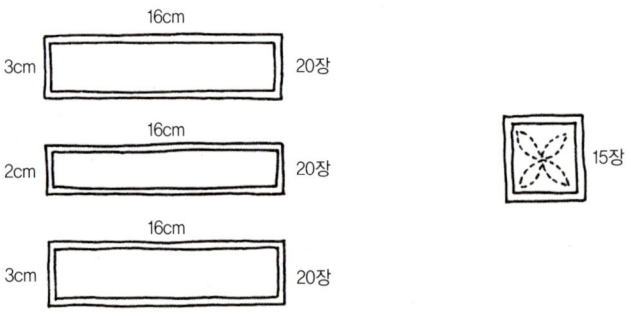

16cm
3cm          20장

16cm
2cm          20장

16cm
3cm          20장

15장

**2** 우선 3조각을 감침하여 이어 기본 블록을 만든다.
블록들을 이어가며 그 사이사이에 수놓은 정사각형 천을 넣어 완성시킨다.

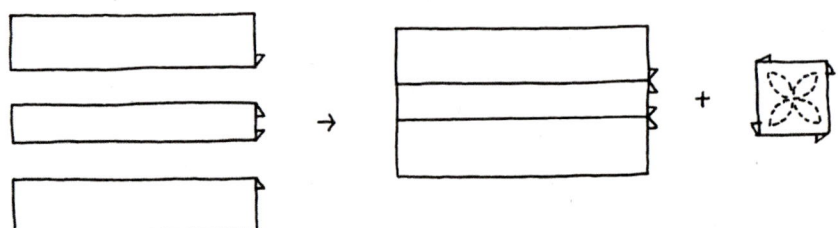

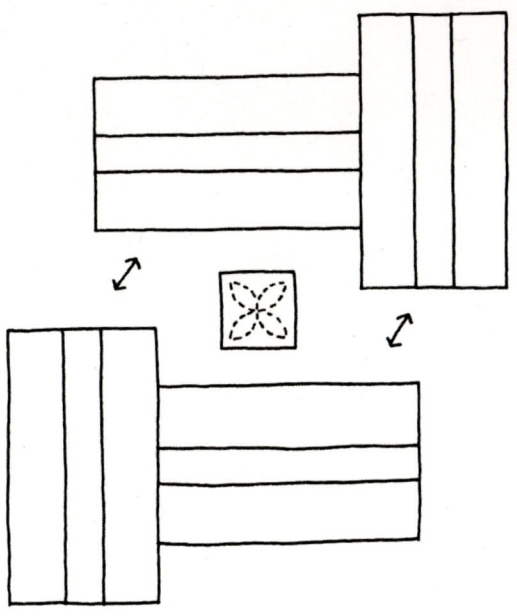

**3** 간지는 벽돌 형태로 길게 이어 붙여 준비하고 완성
된 조각판의 네 면에 간지를 대준다.

**4** 뒷감을 대고 뒤집은 보자기의 가장자리를 따라
곱게 상침한다.

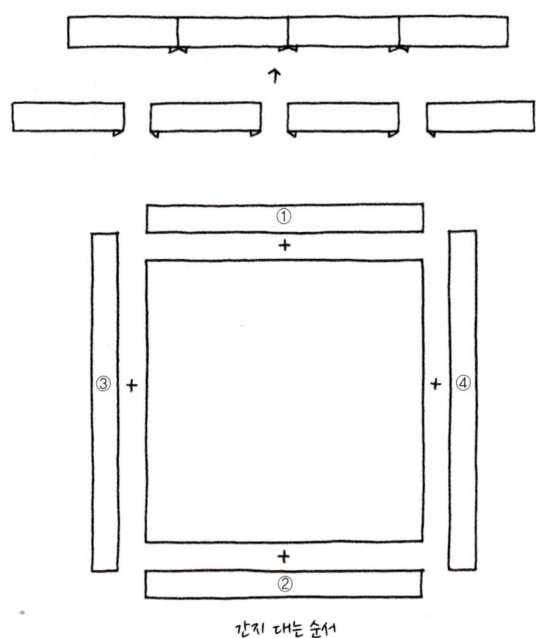

간지 대는 순서

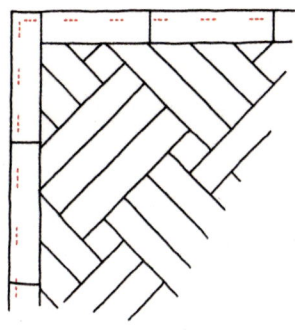

# 경상도 골무

처음부터 습관이 들지 않으면 좀처럼 익숙해지지 않는
것이 바로 '골무'라는 도구예요. 맨손으로 하는 바느질에
길들여지면 어떤 종류의 골무도 성가시게만 느껴지거든요.
하지만 오랫동안의 작업을 맨손으로 버티기에는 우리의
손가락은 너무 연약해요. 그러니 부디 시작부터 골무와
친해지기를 진심으로 권해드려요.
맨처음 경상도 골무를 보았을 때의 그 생경함은 아직도
잊히지 않아요. 마치 다른 세상에서 날아온 물건을 보는 것
마냥 신기했었죠. 서울을 떠나 살아본 적이 없는 저로서는
어쩌면 당연한 일이었는지도 몰라요. 아마 여러분들이
기억하는 골무의 모양도 대부분 비슷한 모양일 거예요.
그래서 우리가 흔히 보았던 자수골무나 조각골무 대신
경상도 골무를 소개해보려고 해요. 서울사람이 소개하는
경상도 골무 한 번 구경해보실래요?

How to
make

102p

# 경상도 골무

**재료** 모시, 굵은 면사, 중간 굵기의 색깔 면사,
장식에 필요한 각색 조각 천

**마름질**
모시 4×6cm 4장(골무 1개분)
굵은 면사 2m 정도 길이 2줄
중간 굵기의 색깔 면사 1m 길이 2줄
장식에 필요한 각색 조각 천

**만들기**

**1** 모시 2장을 그림과 같이 접어 표시하고 실을 2가지 종류로 준비한다.

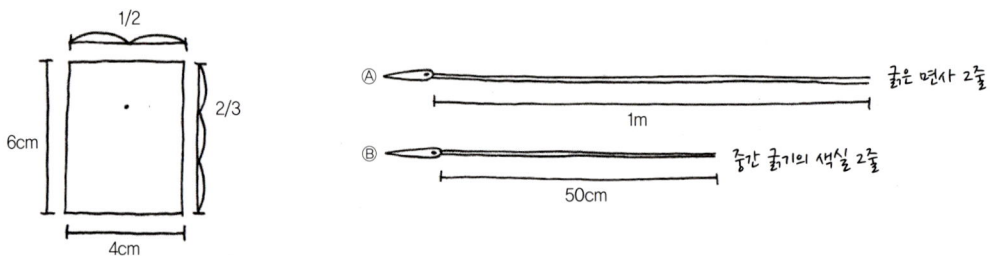

**2** 준비한 모시에 표시한 위치에 ⑧의 실을 뒤쪽에서 앞쪽으로 빼내고 ④실의 중간
부분을 ⑧실에 걸어둔다.

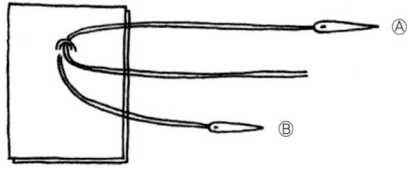

**3** 왼손으로 흰색 면사를 비틀어 중앙에서부터 단단히 꼬아 넓혀가고 색실로 그 중간중
간을 집어주어 모시에 고정시킨다. 지름 1cm 정도의 원형이 만들어지면 굵은 면사와
색실을 모시 뒤쪽에서 매듭지어 완성한다.

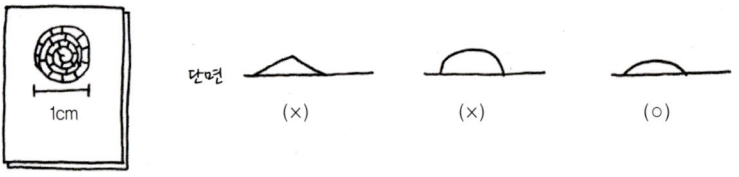

**4** 색깔 천을 예쁘게 배치하고 상침이나 세발뜨기 같은 바느질로 장식해준다.

**5** 작업한 것을 골무 본대로 잘라낸다(이때 시접 3~5mm 정도는 남겨둔다).

두꺼운 도화지

× 2개

**6** 바이어스 테이프로 골무의 테두리를 감싸고 뒷면까지 깔끔하게 정리한다.

**7** 2장을 준비하여 마주 댄 후 귀밥치기 하여 완성한다.

# 타래버선

세상 어디에 이렇게 어여쁜 아기 '발싸개'가 있을까요.
아기 만들어주겠다고 만들어놓고선 액자에 곱게 모셔두는
분들이 얼마나 많은지요. 시작에서 완성까지 온갖
바느질이 모두 동원되는 것은 물론 정성까지 듬뿍 담아야
곱디고운 버선이 만들어진답니다.
돌 전후의 아기에게 신기는 이 버선을 타래버선이라고 해요.
씩씩한 남자아이에게는 파란색 천으로,
사랑스런 여자아이에게는 붉은색 천으로
곱게곱게 장식해보세요.

How to make
106p

# 타래버선

**재료** 흰색 면직물

**마름질**

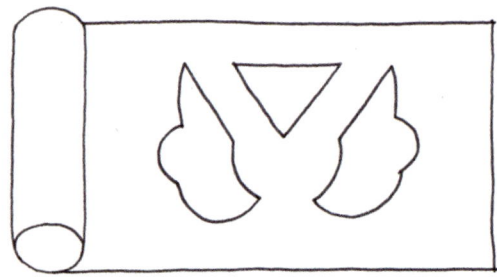

× 4세트(버선 한 컬레분)

**만들기**

**1** 좌우 수눅을 마주 대어 곱게 홈질하고 시접은 왼발, 오른발이 서로 마주보도록 놓는다.

**2** 버선목을 수눅 부분과 연결한다. 이때 시접은 모두 위쪽으로 정리해주고 동일하게 3장 더 만든다.

**3** 겉감과 안감을 서로 겉면끼리 마주 대어 시침한 후 버선 입구 쪽만 남기고 가장자리를 홈질해준다.

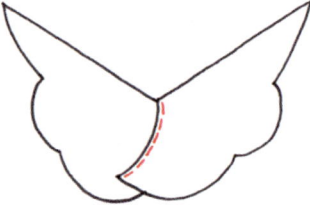
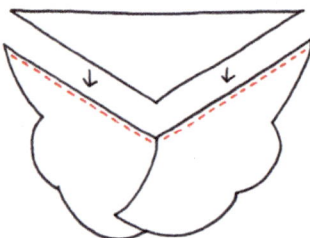
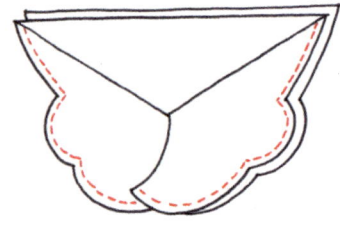

**4** 겉감의 안쪽에 솜을 대고 가장자리 선에 맞추어 다시 한 번 바느질하여 솜을 버선에 고정시키고, 바느질 바깥쪽 여분의 솜은 바짝 잘라낸다.

**5** 버선의 겉면이 나오도록 뒤집은 후 0.7cm 간격으로 손 누빔한다.

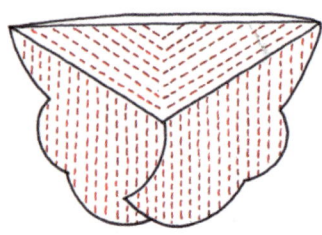

**6** 버선볼에 꽃수를 놓아 장식한다.

**7** 펼쳐진 버선을 반 접어 안쪽에서 곱게 감침질하고 뒤집어 버선의 모양을 잡는다.

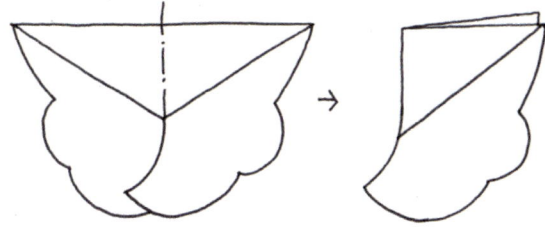

**8** 버선목을 일자로 정리하고 붉은색이나 푸른색의 바이어스 테이프를 둘러 버선목 부분을 잘 정리한다.

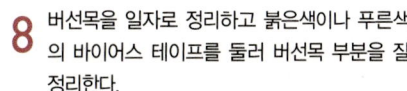

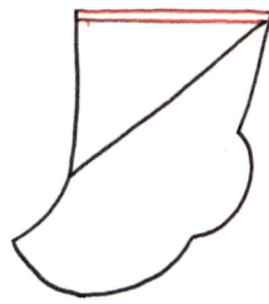

**9** 대님은 2×35cm 길이로 2개 만들고 각각 반 접어 버선 뒤꿈치에 달아준다.

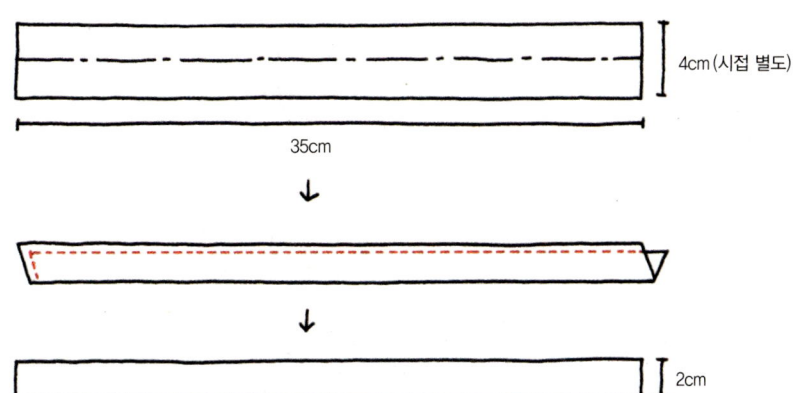

4cm(시접 별도)

35cm

↓

↓

2cm

〈버선 본〉

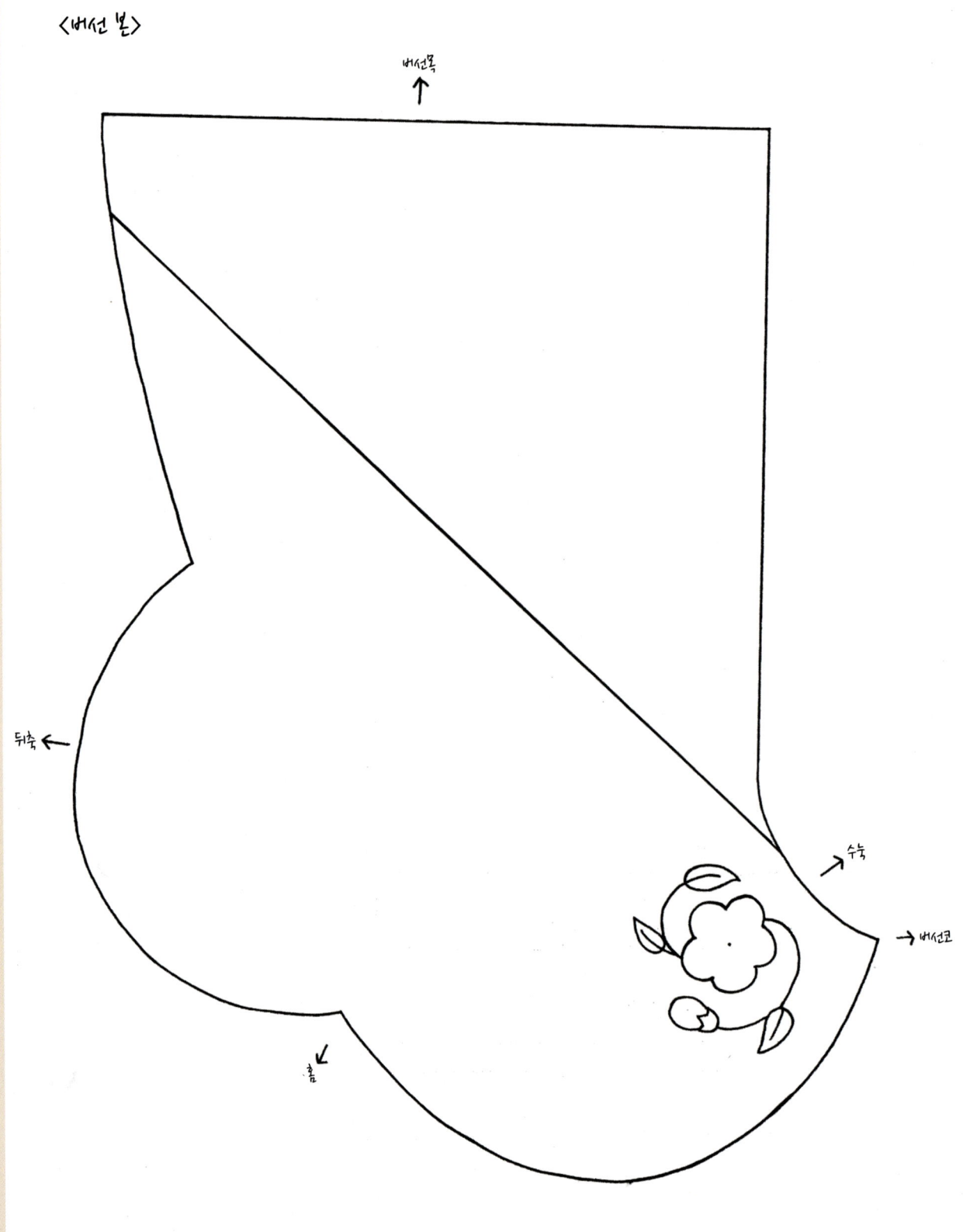

버선목

뒤축

수눅

버선코

홈

# 규방소품, 삶에 깃든 여유로움

어느새 마지막 과정에 와 있네요. 마지막엔 어떤 작품들을 함께 해볼까 많은 고민을 했었답니다. 오랫동안 강의를 해오면서 가장 많이 받은 질문 중에 하나가 바로 '쓰임'에 대한 것이었어요. 만들어서 어디에 사용할 수 있느냐란 이야기죠. 지금처럼 크기별로, 종류별로 수납이 가능한 가방 종류가 많지 않았던 옛날에는 무엇을 보관하든 이 보자기가 생활에 꼭 필요한 용품이었을 거예요. 하지만 보자기보다 훨씬 실용적인 것들이 많은 요즘, 그 쓰임이 적은 것이 사실이에요. 그래서 이번 과정에서는 규방소품을 실용적으로 응용한 작품들을 소개해보려고 해요.

대부분 사용된 재료는 세탁이 용이한 면직물들을 이용했으니 실제 생활에서 편하게 사용할 수 있을 거예요.

# 술병 주머니

전통혼례에서 폐백음식을 준비할 때
빠질 수 없는 술을 담는 주머니예요. 와인이나
전통주가 트렌드인 요즘에는 선물용 포장으로도
멋스럽게 사용할 수 있답니다.
재활용도 할 수 있으니 환경보호에도
한몫 할 수 있다는 뿌듯함도 느낄 수 있지요.

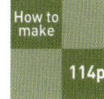

How to
make

114p

# 술병 주머니

**재료** 누빔 광목, 삼봉술 매듭

**마름질**
31×72cm 1장, 지름 9.7cm 원형 2장

**만들기**

1 마름질한 천의 정면이 될 부분에 그림
본을 옮겨 색실로 누빔한다.

2 술병의 몸통이 될 천을 길게 반으로
접어 바느질한다. 이때 상부에 창구멍
을 남겨둔다.

3 몸통의 위·아래 부분에 두 겹의 바닥
이 될 원형 부분을 각각 붙여준다.

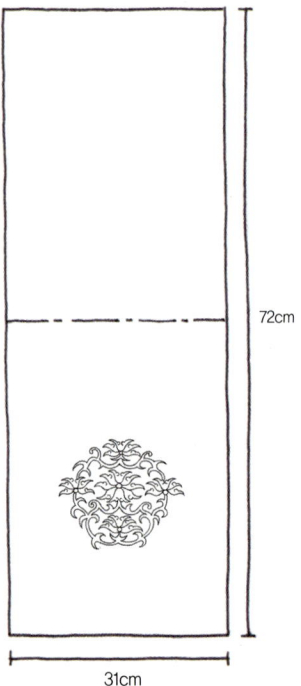

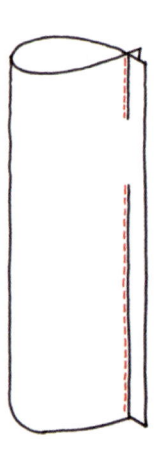

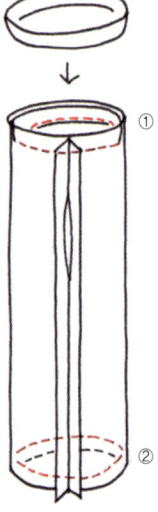

**4** 창구멍을 통해 뒤집은 후 창구멍을 공그르기하여 막아준다.

**5** 윗부분을 바닥 쪽으로 밀어 넣어 몸통과 바닥이 두 겹이 되도록 만들어 준다.

**6** 윗부분에 1cm 폭으로 통로를 만들고 매듭을 넣어 완성한다.

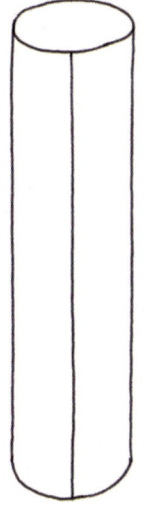

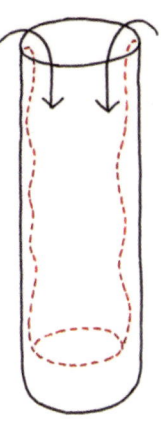

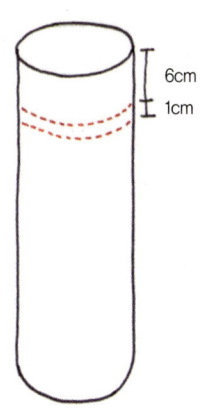

6cm

1cm

〈색실 누빔 본〉

# 안경집

유물로 남겨진 안경집을 찾아보면 소재나 형태,
장식 등이 얼마나 다양했었는지 알 수 있어요.
안경이 귀했던 시절에는 파손되지 않도록 최대한
보호해야 했기 때문에 종이와 천을 배접해 만든
단단한 틀로 안경집으로 만들기도 하고,
그 표면에는 수를 놓거나 색실 누빔하여 화려하게
장식한 것들도 많이 볼 수 있답니다.

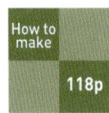

How to
make

118p

# 안경집

**재료** 누빔 광목, 광목 바이어스 테이프, 면 끈

**마름질**
안경집 본대로 2장
면 끈으로 만든 연봉 매듭과 고리

**만들기**

1 안경집 본대로 2장을 마름질하고 각각의 가장자리에
  바이어스 테이프를 둘러 마무리해준다.

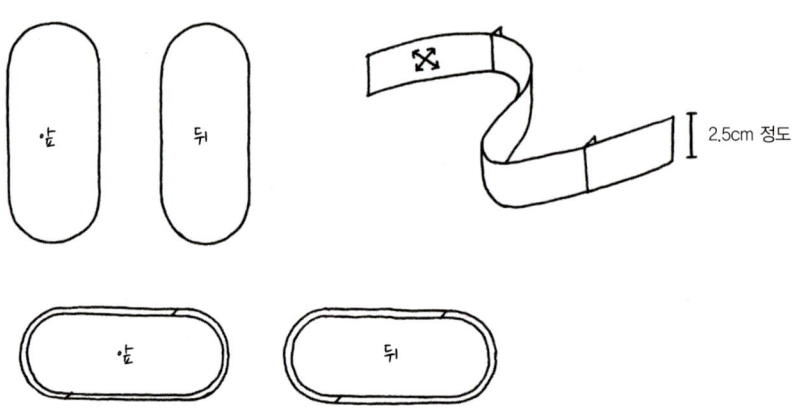

2.5cm 정도

2 앞면에 그림 본을 옮겨 색실 누빔한다.

3 2장을 맞대어 입구를 제외한 부분을
  귀밥치기하여 연결한다.

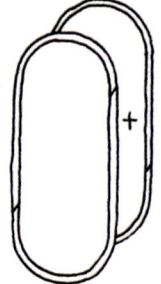 →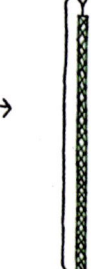

4 입구에 연봉 매듭과 고리를 달아 여닫
  을 수 있도록 한다.

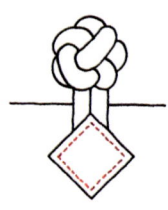 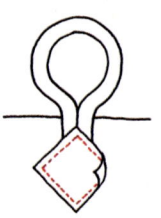

**1** 천을 바로 놓고 45도 각도의 기준 사선을 그린 후 필요한 바이어스 폭을 일정하게 그려 나간다.

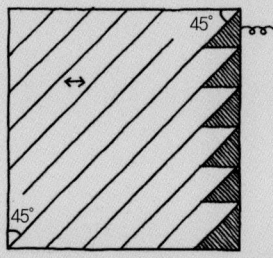

**2** 바이어스 테이프를 연결할 때는 그림과 같이 겉과 겉을 마주 댄 후 안쪽에서 바느질하여 연결한다.

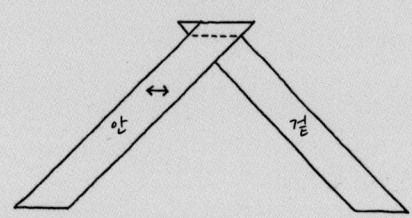

**3** 솔기는 가름솔 처리해주고 밖으로 빠져나온 시접은 잘라낸다.

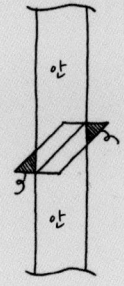

**4** 바이어스 너비(5~7mm)를 정한 후 바느질할 선을 그려 표시한다.

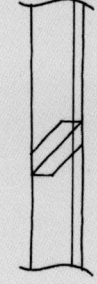

**5** 바이어스 테이프를 붙이는 바느질을 시작할 땐 반드시 끝 부분을 접은 후 홈질한다.

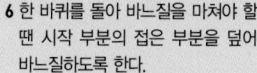

**6** 한 바퀴를 돌아 바느질을 마쳐야 할 땐 시작 부분의 접은 부분을 덮어 바느질하도록 한다.

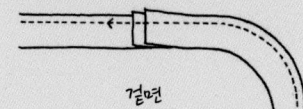

**7** 바깥 바느질이 끝나면 바이어스 테이프를 안쪽으로 말아 접은 후 공그르기로 마무리해준다.

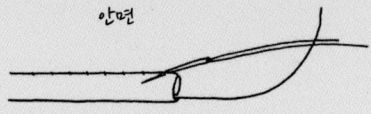

<안경집 본>

# 지갑

조용히 생각할 시간이 필요할 때에는 색실 누빔을 즐겨
한답니다. 풀 먹이고 마름질하고 조각을 바꾸어가며
바느질해야 하는 조각보는 자리이동도 꽤 있는데다
무엇보다 실수하지 않기 위해 바느질에 온통 신경을
집중하다 보면 따로 조용히 생각할 여유를 갖기란
힘들 거든요.
천 한 장에 마음에 드는 그림을 옮겨 담고 폭신한 솜에
올려 시침만 해두면 모든 준비는 끝! 어울리는 음악까지
찾아 틀고 편안한 곳에 앉아 바느질을 시작하면 마음엔
금세 평온이 찾아온답니다.
원래 전통 색실 누빔은 꼬아놓은 한지를 바느질
사이사이에 한 줄씩 넣어가며 누빔을 해주었다고 해요.
그렇게 하면 올록볼록 입체감이 살아나거든요.
서양 퀼트에서도 종이 대신 섬유끈을 넣어가며 누벼주는
기법이 있는데 그것과도 흡사하답니다.
마음 정리가 필요할 때에는 색실 누빔 한 번 해보세요.

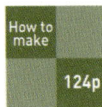

How to make

124p

# 지갑

**재료** 누빔 광목, 광목 바이어스 테이프, 면 끈

**마름질**
**겉감** 19×18.5cm 1장
**속감** 19×8.5cm 1장
      19×7.5cm 1장

**만들기**

**1** 겉감과 속감을 크기대로 마름질하고 속지 2장의 윗단에는 바이어스 처리를 해준다.

**2** 지갑의 덮개 부분에 그림 본을 옮겨 색실 누빔을 해준다.

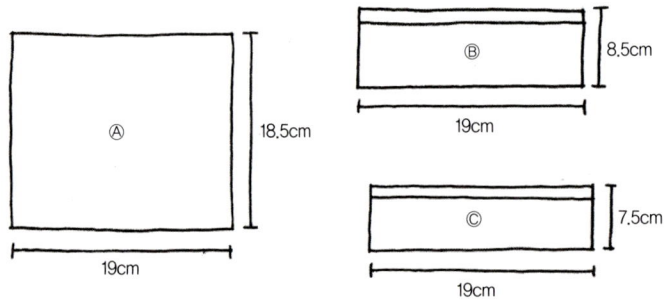

**3** 겉감의 안쪽에 속지 2장을 차례대로 얹어 고정한 뒤 가장자리에 바이어스 테이프를 둘러준다.

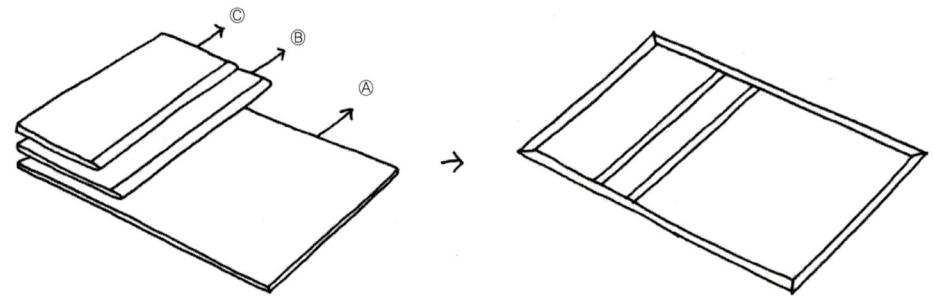

Tip **바이어스 테이프로 모서리 돌아가기 요령**

**1** 바이어스 테이프를 홈질로 바느질하다가 모서리에서
멈춘다.

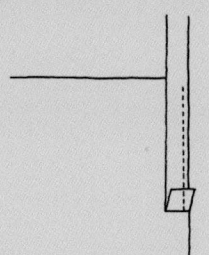

**2** 바이어스 테이프를 바깥쪽으로 넘겨 수평선을 맞춘다.

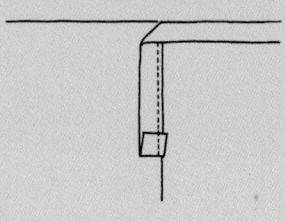

**3** 바이어스 테이프를 다시 안쪽으로 넘긴 후 역시 수평선
을 맞춘다. 그리고 방향을 바꾸어 연결해 홈질한다.

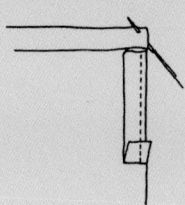

**4** 네 모서리를 같은 방법으로 정리하여 바이어스 테이프
를 붙인다.

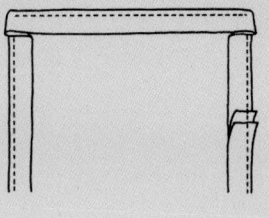

**5** 바이어스 테이프를 뒤쪽으로 넘겨 공그르기한다. 앞면
과 뒷면의 모서리는 그림과 같이 깔끔하게 정리한다.

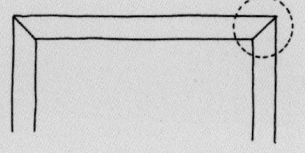

**4** 지갑의 덮개 안쪽에 끈을 달아주
어 완성한다.

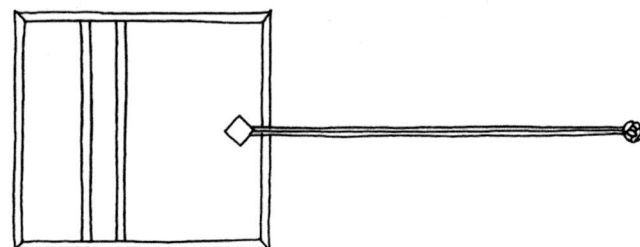

〈색실 누빔 본〉

# 카드지갑

요즘은 누구나 지갑 속에 넘쳐나는 이런저런
카드로 고민이 많으실 거예요. 할인카드에
적립카드, 통신사 카드 등 하나도 버릴 게
없는데 말이에요. 그런 우리들의 지갑은 지금 꼭
다이어트가 필요하겠죠?
카드지갑을 따로 만들어 사용하면 카드를 찾아
쓰기에도 편하고 덕분에 제 몸매를 찾은 지갑 양도
한결 맵시가 좋아진답니다. 만들기도 쉬운
카드 지갑, 이참에 여러 개를 만들어 주변에
하나씩 선물해주면 고맙다는 인사로 마음이
행복해질 거예요.

How to
make

128p

# 카드지갑

**재료** 겉감용 누빔 광목, 안감용 광목, 광목 바이어스 테이프, 똑딱단추,
　　카드지갑용 속지

**마름질**
**겉감** 11×24cm 1장
**안감** 11×46cm 1장

**만들기**

**1** 겉감, 안감을 사이즈대로 마름질하고 겉감의 덮개 부분에
그림 본을 옮겨 색실 누빔한다.

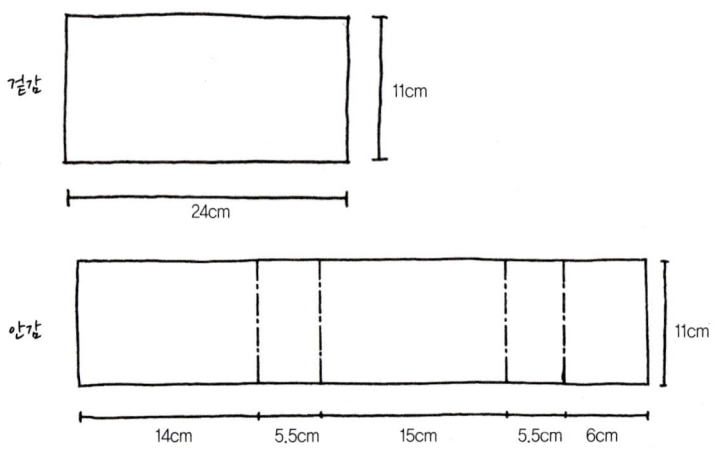

**2** 안감을 그림대로 접어 겉감의 안쪽에 올려 시침한다.

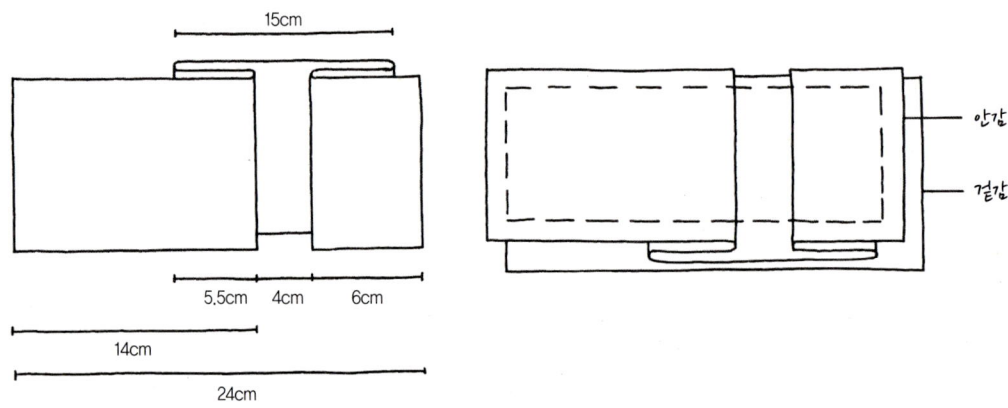

**3** 겉감과 안감의 가장자리에 바이어스 테이프를 둘러준다.

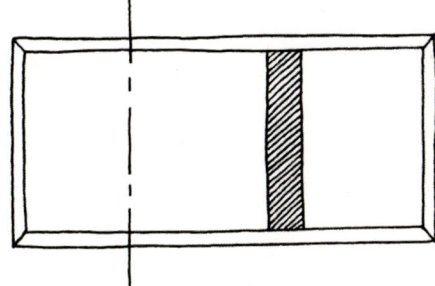

**4** 덮개의 안쪽 부분에 똑딱단추를 달아준다.

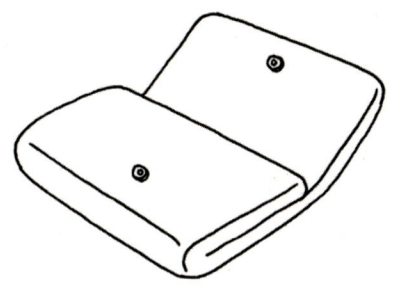

**5** 플라스틱 카드 속지를 끼운다.

〈색실 누빔 본〉

# 자수 손수건

목화로 만든 '무명'을 바느질의 소재로 처음 만났을 때
그 단단한 조직과 흡수력에 깜짝 놀랐던 기억이 나요.
이렇게 좋은 소재에 진즉 관심을 두지 못했던 것에 괜한
미안함까지 들었을 정도였으니까요.
예부터 여리고 보드라운 피부를 가진 아기의
기저귀감으로도 사용되는 천이었으니 설명이 더 필요
없겠죠. 새 하얀 무명의 네 모퉁이에 곱게 수를 놓아
손수건으로 사용해보세요. 어린아이를 위한 수건으로도
더없이 좋게 느껴지실 거예요. 조금 낡아지면 주방으로
옮겨 사용해도 좋겠죠?

How to
make

131p

## 자수 손수건

**재료** 무명, 색실 면사, 본을 옮겨 그릴 수 있는 섬유용 먹지

**만들기**

1 무명을 정사각형이나 직사각형 등 원하는 크기로 잘라 준비한다.

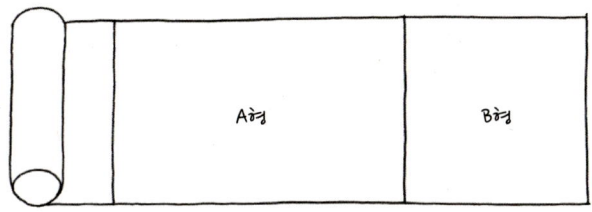

2 시접 정리가 필요한 가장자리는 2~3mm씩 2번 접어 작게 세발뜨기하여
마무리해주거나 5cm 정도 올을 풀어내도 좋다.

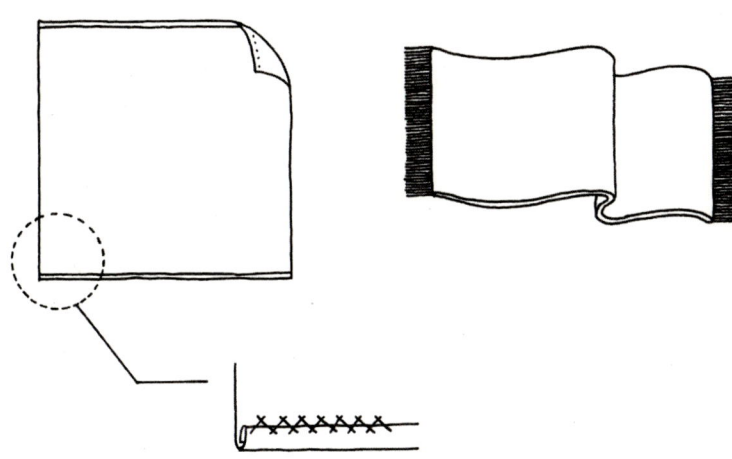

3 손수건의 네 모퉁이에 작은 수 본을 옮겨 수를 놓는다.

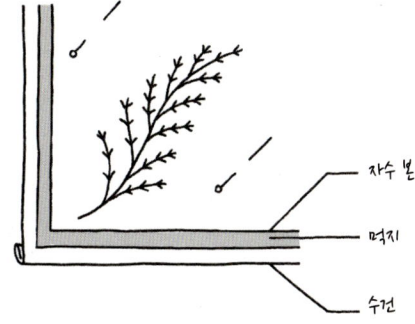

자수 본
먹지
수건

# 책 커버

지하철에서 독서라도 할 생각으로 책을
펼쳐 들었는데 왠지 건너편에 앉은 이들의 시선이 신경
쓰인 경험 한 번쯤 있을 거예요. 내가 어떤 책을 보고
있는지 굳이 보이고 싶지 않은 그런 마음이 있잖아요.
그래서인지 이웃나라 일본에서는 이미 책 커버가
대중화되어 있다고 해요. 물론 기성제품으로 나온
제품들도 있겠지만 이왕이면 내 손으로 예쁘게,
필요한 사이즈에 딱 맞춰 만들어 들고 다니면
오히려 그 시선들이 즐거워질지 몰라요.
아이보리색 광목에 곱게 색실 누빔을 하고 앙증맞은
책갈피도 만들어 달아주면 좋겠죠? 책이 아니더라도
나만의 비밀스러운 다이어리를 보관하기에
좋은 커버가 돼줄 거예요.

How to
make

134p

## 책 커버

**재료** 광목, 솜, 색실 여러 가지, 광목 바이어스 테이프,
면끈, 나무구슬

**마름질**
**겉감**    35×22cm 1장
**안감**    35×22cm 1장
**속지**    22×14cm 2장
**접착심**  21×5.9 2장

**만들기**

1 광목에 색실 누빔 본을 옮겨 솜을 대고 시침한 후 중앙으로부터 색을 바꾸어가며 박음질하여 누빔을 한다.

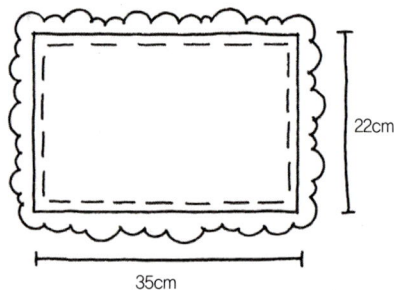

2 표지를 끼울 부분이 될 접착심에 광목을 붙여 2개 만든다.

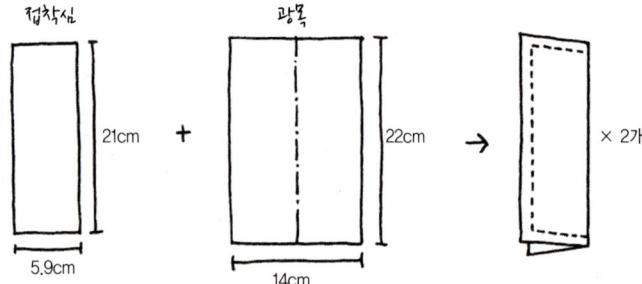

3 책갈피로 사용할 끈에 나무 구슬을 달아 준비한다.

4 누빔을 마친 겉감에 안감을 대고 시침한 후 가장자리에 바이어스 테이프를 둘러 마무리한다. 이때 윗부분의 중앙에 책갈피용 끈을 넣고 바느질하여 고정시킨다.

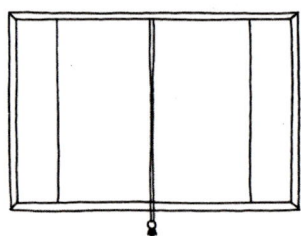

# 베개

베개를 만들어 쓴다는 것이 너무 생소하게
들릴지도 모르겠어요. 하지만 베개 만들기는 생각처럼
어렵지 않답니다. 수공예의 가장 큰 장점이라고 한다면
'내 맘대로'가 아니겠어요?
내 취향에 맞게, 내 몸에 맞게!
특히 베개처럼 사용할 사람에게 알맞은 크기나 높이 등이
중요한 것이라면 더 그렇겠죠. 완성한 베개의
속 재료로 편안한 잠을 위한 향긋한 허브나 약초도
준비해보세요. 베개 만들기의 설명서를 보면서
앞에서 만들어보았던 술병 주머니를 떠올렸다면
여러분은 우등생!

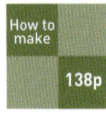

How to
make

138p

# 베개

**재료** 누빔 광목, 솜, 겉감용 광목

**마름질**
**베개 본체**  46×30cm 1장
**베갯모**  11×11cm 2장
**겉싸개**  56×31cm 1장

## 만들기

**1** 베갯모가 될 부분을 사각형으로 마름질한 후 색실로 누
빔하여 장식한다.

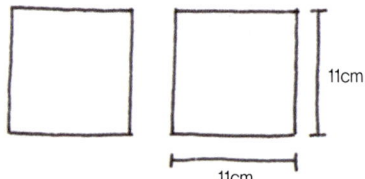

**2** 베개의 몸통 부분이 될 부분을 마름질한 후 반 접어 바느
질하여 원통형으로 만든다.
이때 중앙에 창구멍을 남겨놓는다.

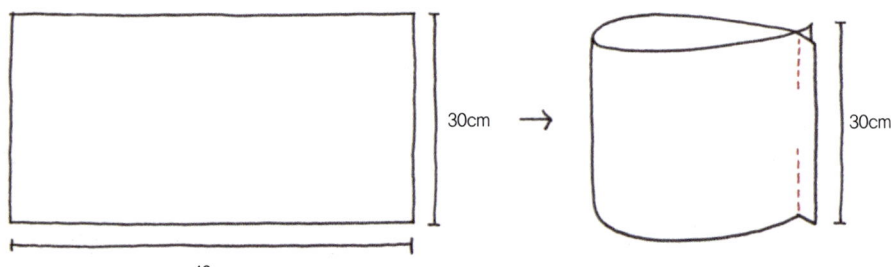

**3** 원통형의 몸통을 사각형 모양으로 손으로
각을 잡아준 후 양쪽에 베갯모를 붙인다.

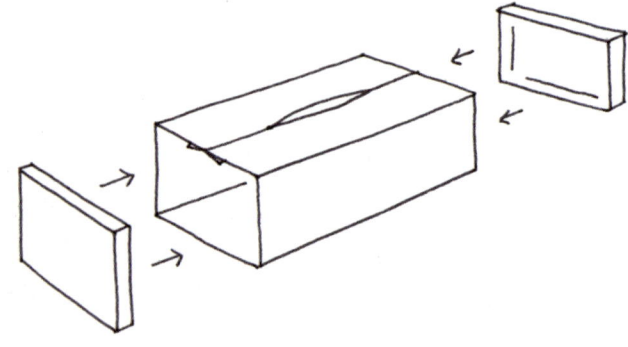

**4** 창구멍을 통해 뒤집고 창구멍으로 베갯
속을 충분히 넣어주고 공그르기해준다.

**5** 베개의 겉싸개는 크기대로 마름질한 후 시접을 접어 상
침하여 가장자리를 마무리한다.

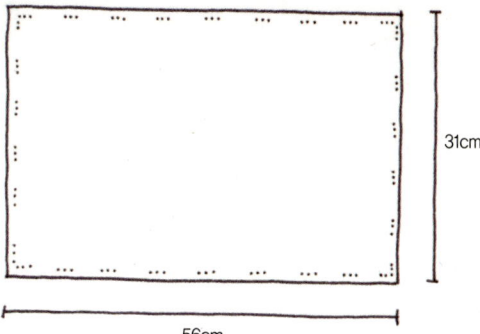

31cm

56cm

**6** 겉싸개로 베개를 감싸고 베개와 함께
바느질하여 고정시켜준다.

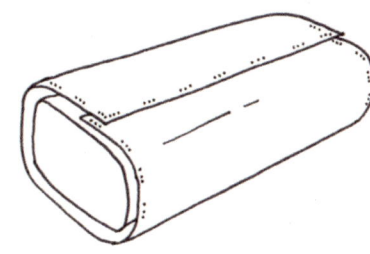

〈베갯모용 색실 누빔 본〉

# 조각 이불

한때 사회 전체에 '퓨전'이란 말이 크게 유행이 된 적이
있었어요. 그땐 모두들 이것저것 섞어보기에 바빴죠.
'이것도 저것도 아닌 어설픈 퓨전은 싫어'라고 생각하던
저도 가끔은 몰래몰래 새로운 시도를 해보았답니다.
지금 역시 전통 바느질을 고수하는 편에 서 있고,
앞으로도 지켜져야 한다고 생각하지만 누구나 쉽게
다가설 수 있는 대중성과 실용성 역시 우리가 함께
고민해야 할 문제라고 생각해요.
찬바람 부는 계절에 따뜻하게 덮을 수 있는 새로운 시도,
조각 이불이에요. 조각보의 재료로 쓰이던 천들뿐만
아니라 좀 더 다양한 종류의 천들을 함께 사용했어요.
광택 나는 양단 등을 비롯한 다양한 견직물과 유럽의
블랙와치, 조금은 낡아 보이는 '진' 소재를 함께
사용해보았답니다.

How to
make

142p

# 조각 이불

**재료** 각종 면직물, 모직물, 견직물, 자수, 솜

**마름질**
**조각 천** 10×10cm 48장
**뒷감** 112×132cm 1장

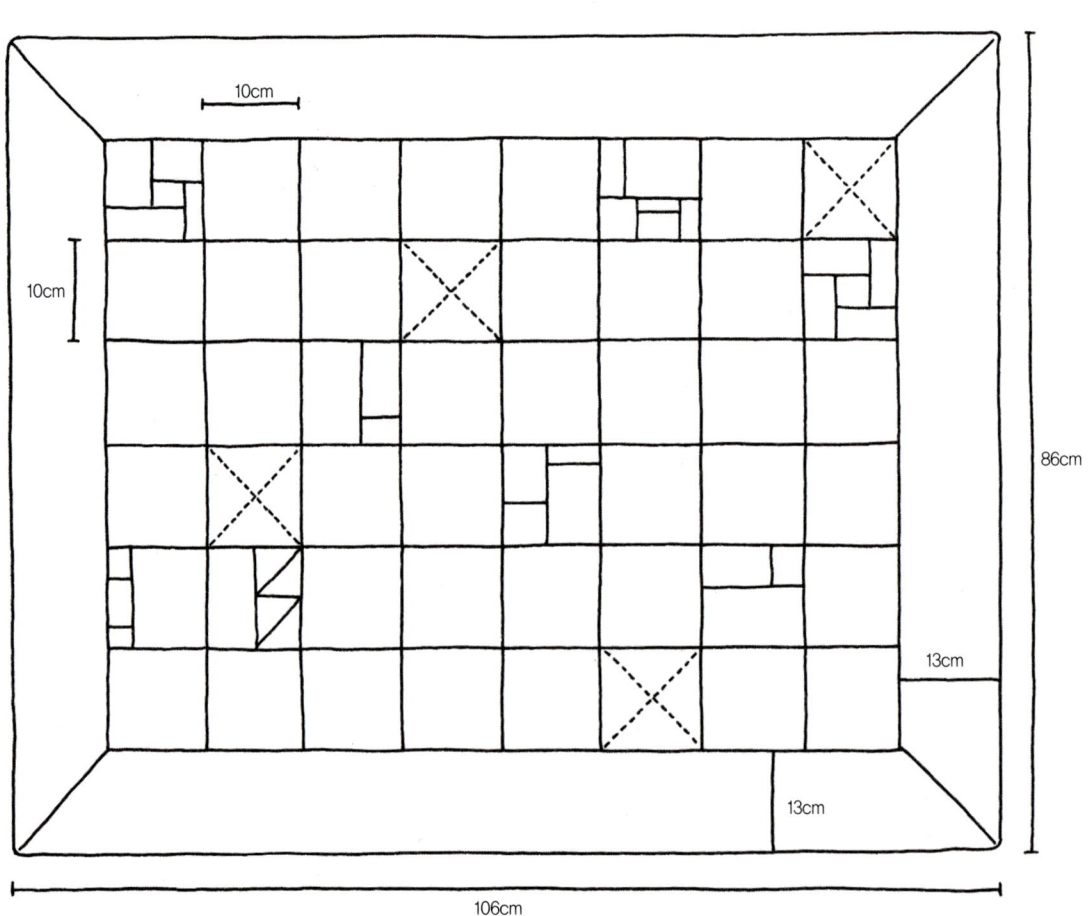

## 만들기

**1** 몇 개의 천들은 조각잇기를 하거나 자수를 첨가해 미리 준비한다.

 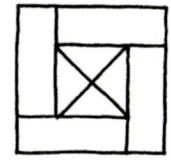 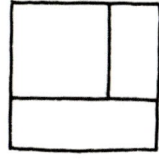 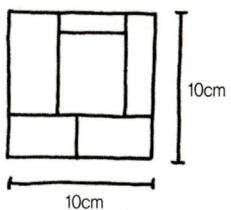

**2** 준비된 천들을 어울리게 배치하여 앞판을 완성한다.

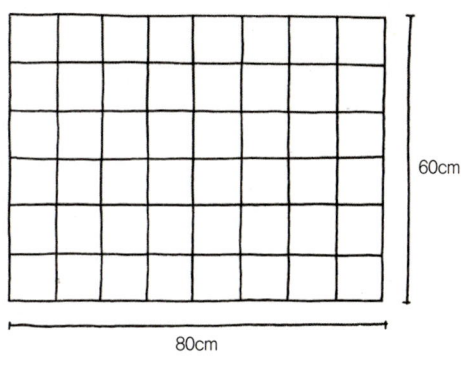

**3** 완성된 앞판에 솜을 대고 가장자리에 시침한다.

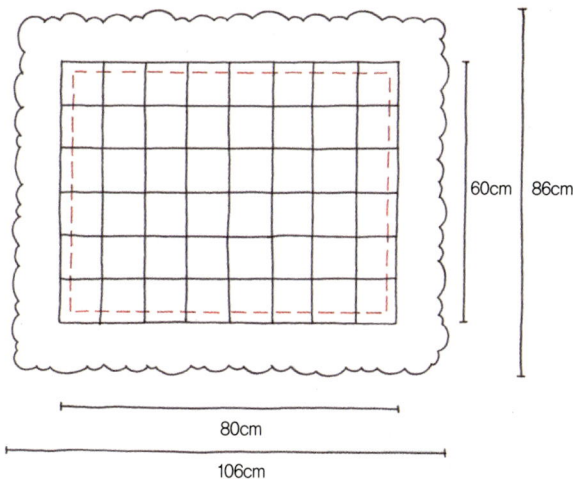

**4** ① 준비된 뒷감을 바닥에 펼쳐놓고 그 위에 솜을 댄 앞판을 올린 후 한 면씩 접어 올린다.
② 가장자리 시접을 접어 앞판에 얹어 바느질하여 고정시킨다.
③ 모서리 처리는 그림과 같이 한쪽만 솜 뒤쪽으로 접어 넘긴다.
④ 다른 면을 접어 올려 모서리를 사선 모양으로 만들어 정리한다.

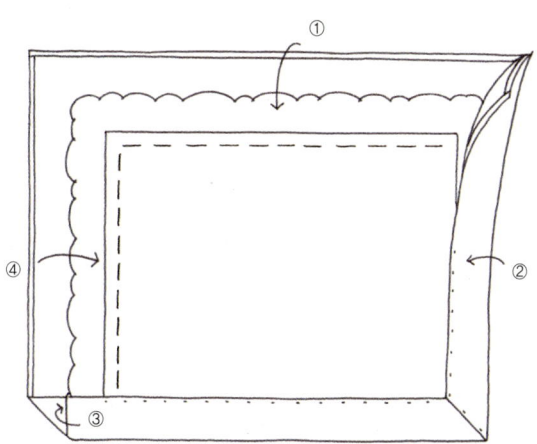

# 티 포트 덮개와 찻잔 받침

도란도란 모여 앉아 차(茶)를 나누는 시간에 함께하면
좋을 포트 덮개와 찻잔 받침이에요. 써보신 분들은 아시겠지만
포트에 덮개를 덮어두는 것과 아닌 것에는 보온 시간에 큰 차이가
있기 때문에 날씨가 차가울수록 더 고맙게 느껴진답니다.
이 포트 덮개는 옛날에 사용하던 주발 덮개를 응용한 디자인이에요.
따뜻한 밥이 식지 않도록 씌워두던 주발 덮개와
포트 덮개가 왠지 형제 사이 같아요.
포트 덮개와 찻잔 받침에는 비밀이 한 가지씩 숨겨져 있답니다.
포트 덮개는 사용할 때에는 매듭단추를 여며 사용하고,
보관할 때에는 여밈을 풀어 펼쳐 보관할 수 있도록 했고,
찻잔 받침은 사용하지 않을 때에는 각각의 매듭을 연결해
벽에 걸어둘 수 있도록 만들었으니 활용해보세요.

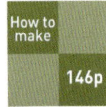

How to make
146p

## 티 포트 덮개

**재료** 누빔 광목, 바이어스 테이프, 면 끈

**마름질**   55×20cm 1장
          장식용 궁중견 조각 5~6장
          폭 2.5cm 바이어스 테이프
          면 끈(연봉 매듭과 고리용)


**만들기**

**1** 누빔 광목을 크기대로 마름질하고, 조각 천은 6cm 너비로 5~7장 준비한다.

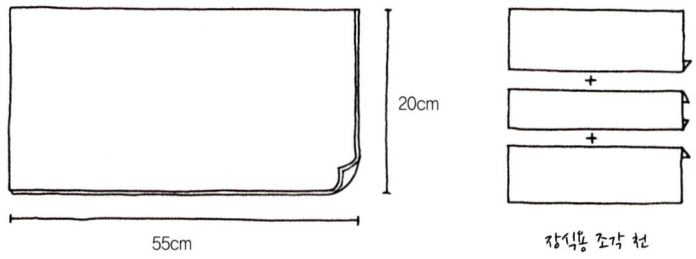

**2** 조각천은 감침하여 잇고 누빔 광목의 중앙 하단에 상침하여 고정시킨다.

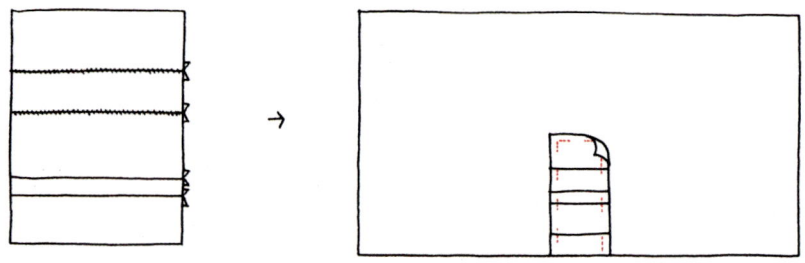

**3** 준비된 본 판의 가장자리는 바이어스 테이프로 둘러준다.

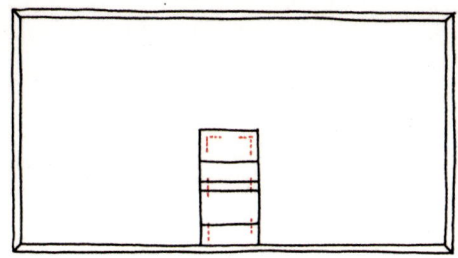

**4** 양쪽 끝을 맞대어 안쪽에서 윗단과 옆면을 감침하여 단단하게 고정시킨다.

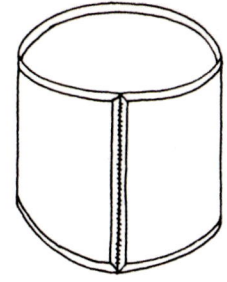

**5** 윗부분의 모서리 2곳에 연봉 매듭과 고리를 달아 여밀 수 있도록 한다.

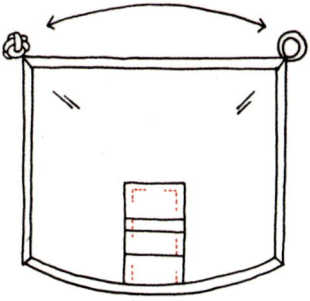

**6** 사용할 때는 매듭을 고리에 걸어 쓰고, 보관할 때는 고리를 풀어 펼쳐두면 된다.

# 찻잔 받침

**재료**  누빔 광목 10×10cm 4장
폭 2.5cm 바이어스 테이프
면 끈(연봉 매듭과 고리용)

## 만들기

**1** 누빔 광목을 10×10cm 정사각형으로 4장 마름질한다.

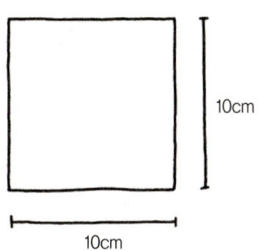

10cm

10cm

**2** 가장자리는 바이어스 테이프를 둘러 마무리한다.

**3** 찻잔 받침의 중앙에 첨부된 전통 문양을 옮겨 색실로 누빔하여 장식한다.

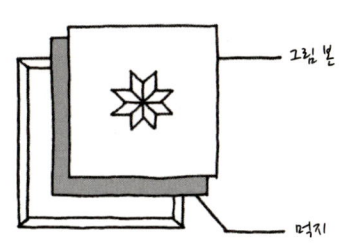

그림 본

먹지

**4** 마주보는 모서리에 연봉 매듭과 고리를 달아준다.

〈색실 누빔용 문양〉

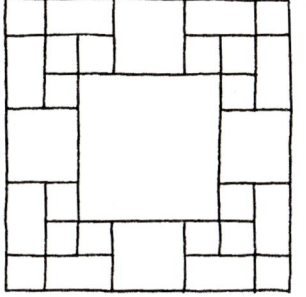

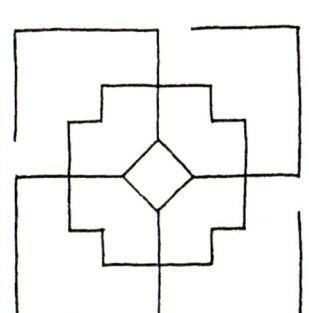

# 예단보

이런 얘기가 있어요. 결혼할 때 주고받은
혼서지보와 예단보를 사는 동안 소중히
보관했다가, 죽어 입관할 때 넣어주면 그것들이
매개체가 되어 저승에서 배우자를 다시 만날 수
있다는 이야기. 재미있는 건 수업에서
이 얘길 해주면 대부분은 고개를 가로저으며
이렇게들 말한다는 거예요.
"No thanks!"

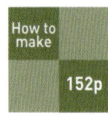

How to
make

152p

**재료** 숙고사, 자수

**마름질**
**앞감** 35×35cm 1장
**뒷감** 35×35cm 1장
**자수** 6×6cm 1장, 자수 뒷감용 6×6cm 1장
**끈** 7×35cm 1장

**만들기**

**1** 숙고사 2장을 맞대어 홈질한 후 뒤집어 35cm 정사각형 크기의 겹보를 만들어놓는다.

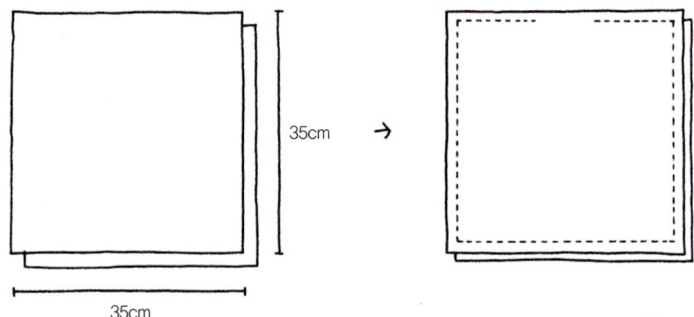

**2** 자수와 뒷감은 각 6cm 정사각형 크기로 준비하고 마주 대어 공그르기한다.
윗면 가장자리는 상침하여 장식한다.

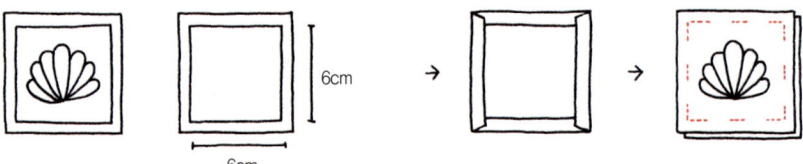

**3** 끈은 3.5cm 폭으로 길게 만들고 한쪽 끝은 삭모 장식을 만든다.

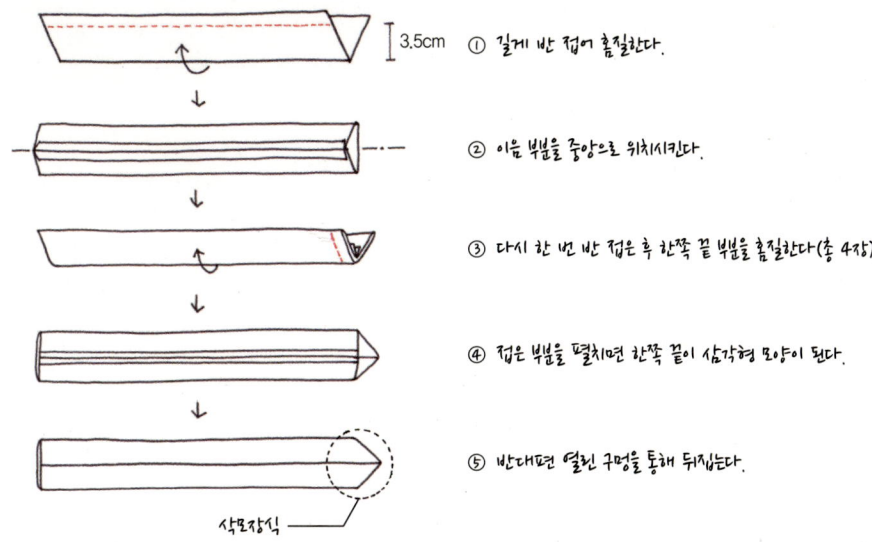

3.5cm
① 길게 반 접어 홈질한다.

② 이음 부분을 중앙으로 위치시킨다.

③ 다시 한 번 반 접은 후 한쪽 끝 부분을 홈질한다(총 4장).

④ 접은 부분을 펼치면 한쪽 끝이 삼각형 모양이 된다.

⑤ 반대편 열린 구멍을 통해 뒤집는다.

삭모장식

**4** 보자기의 한쪽 모서리에 ① 끈을 고정시켜주고 ② 그 위에 자수를 얹은 후 보자기에 바느질을 해 고정시킨다. 이때 끈이 다닐 통로는 남겨둔다.

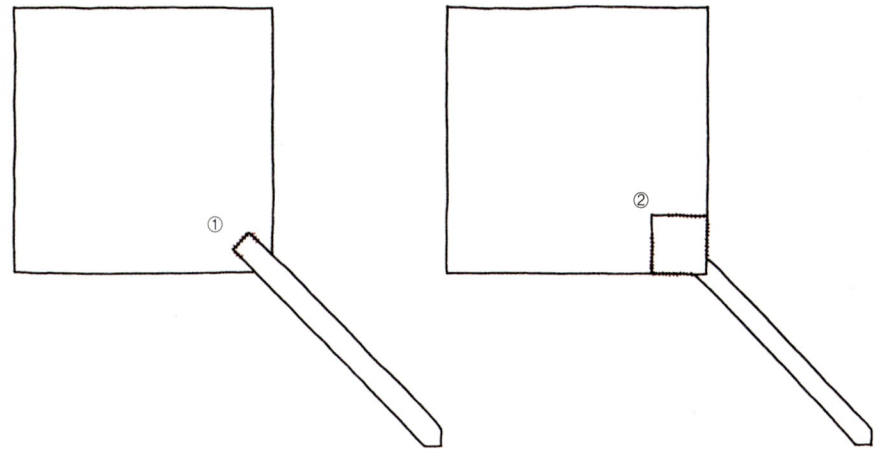

**5** 보자기를 돈의 크기에 알맞게 접은 후 끈으로 고정시켜 완성한다.

# 혼서지보

전통 혼례는 혼례식 이전에 거쳐야 하는 과정
또한 길고 복잡했습니다. 간단히 요약하여 서로의
혼례의사를 타진하는 과정, 혼약이 이루어져
사주를 보내는 과정, 택일하는 과정, 혼서와 혼수를
보내는 과정 등이 있었다고 해요. 그 중 신랑집에서
신부집으로 보내는 혼서를 넣는 보자기가 바로
혼서지보랍니다. 요즘도 혼서와 혼수를
주고받는 전통은 남아 있기 때문에
결혼에 빠질 수 없는 것들이죠.
천의 색깔은 붉은색과 검은색으로 정해져 있고,
봉투 형태이긴 하지만 꼭 필요한 부분을 제외한 곳은
열어두고 형태를 잡아야 한다는 점,
꼭 기억해두셔야 해요.

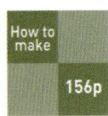
How to make
156p

## 혼서지보

**재료** 숙고사, 상침용 실

**마름질**
**보자기용**    37.5×37.5cm 붉은색 1장, 검은색 1장
**연봉 매듭용**    6mm×40cm 붉은색 1장

**만들기**

**1** 앞 · 뒷감 2장을 맞대어 홈질한 후 뒤집어 37.5cm 정사각형 크기의 겹보를 만들어놓는다.

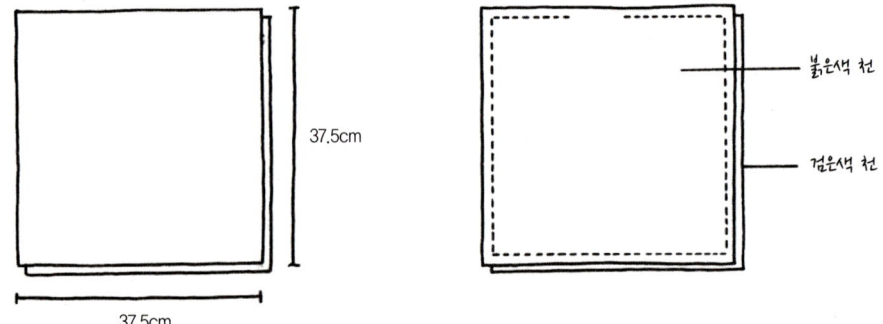

37.5cm

37.5cm

붉은색 천

검은색 천

**2** 그림과 같이 보자기를 접어 봉투 형태로 만든 후 다림질하여 모양을 고정시킨다.

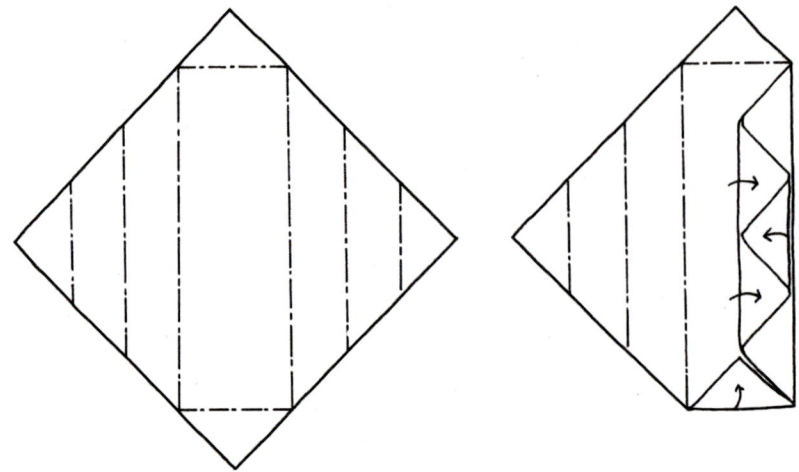

**3** 표시한 곳은 서로 고정해주는 바느질을 하여 봉해준다.

**4** 표시된 6곳에 술을 만들어 단다.

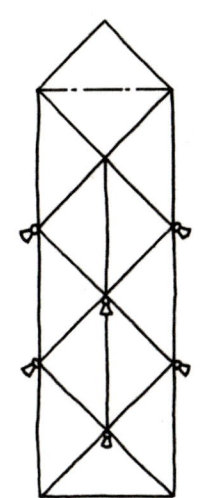

**5** 천으로 끈을 만들고 연봉매듭을 만들어 덮개 부분에 달아준다.

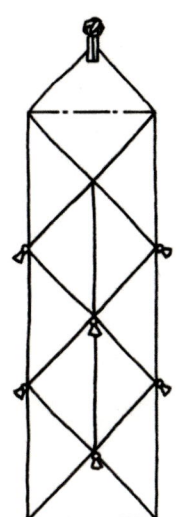

*Tip* 연봉 매듭 만들기

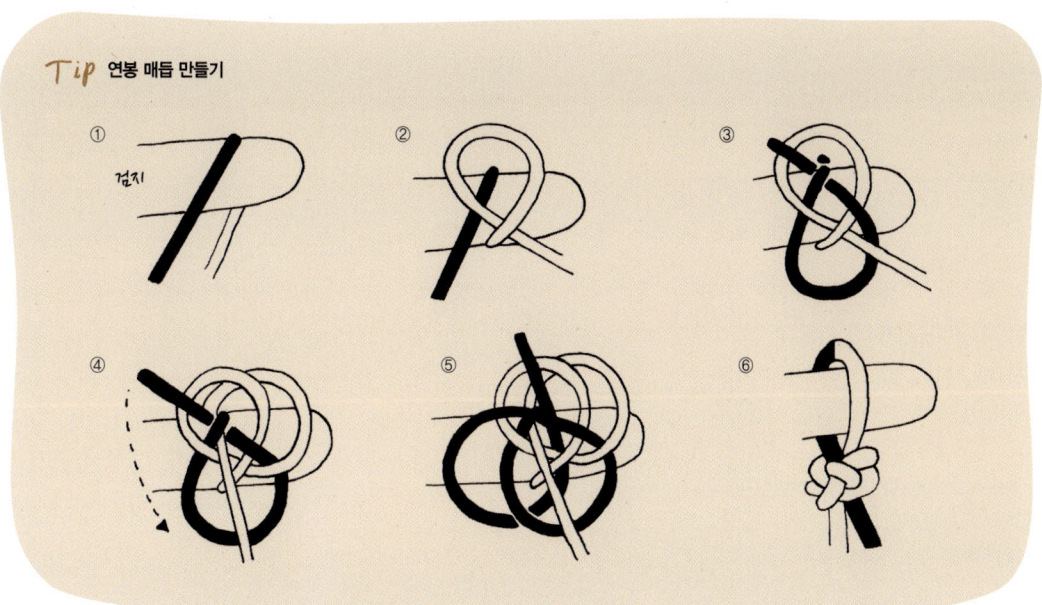

# 규방공예 가볼 만한 곳

## 숙명여자대학교 정영양 자수박물관

**위치** 서울시 용산구 효창공원길 52번지
숙명여자대학교 르네상스 플라자 1층
**연락처** 02-710-9133~4
**관람시간** 월요일~토요일 | 오전 10시~오후 5시
**휴관** 일요일 및 공휴일
**입장료** 무료

## 한국자수박물관

**위치** 서울시 논현동 89-4번지 4층
**연락처** 02-515-5144~6
**관람시간** 오전 10시~오후 4시
**휴관** 토요일, 일요일 및 공휴일
**입장료** 무료

## 국립민속박물관

**위치** 서울시 종로구 삼청동 37번지
**연락처** 02-3704-3441
**관람시간** 3~10월 | 오전 9시~오후 6시(5시까지 입장)
5~8월 | 오전 9시~오후 7시(6시까지 입장,
토 · 일 · 공휴일 휴관)
11~2월 | 오전 9시~오후 5시(4시까지 입장)
**휴관** 매주 화요일, 1월 1일
**입장료** 무료

## 보나장신구박물관

**위치** 서울시 종로구 관훈동 192-10번지
**연락처** 02-732-6621
**관람시간** 화~토요일 | 오전 10시 30분~오후 4시 30분
일요일 | 오전 12시~오후 4시
**휴관** 월요일
**입장료** 일반 5,000원 | 청소년 4,000원 | 어린이 · 경로
3,000원

## 서울역사박물관

**위치** 서울시 종로구 새문안길 50번지
**연락처** 02-724-0274~6
**관람시간** 평일 | 오전 9시~오후 9시
토 · 일 · 공휴일 | 오전 9시~오후 5시(3~10월)
오전 9시~오후 6시(11~2월)
**휴관** 1월 1일, 매주 월요일
**입장료** 무료

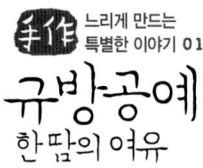

느리게 만드는
특별한 이야기 01

# 규방공예
## 한 땀의 여유

**초판 1쇄 발행** 2011년 5월 16일
**초판 9쇄 발행** 2020년 1월 6일

**글·그림** 이정혜
**펴낸이** 이지은
**펴낸곳** 팜파스
**기획·진행** 이진아
**편집** 정은아
**사진** 정연진
**스타일링** 김세영
**디자인** (주)ALL design group
**마케팅** 김민경, 김서희
**인쇄** 케이피알커뮤니케이션

**출판등록** 2002년 12월 30일 제10-2536호
**주소** 서울시 마포구 어울마당로5길 18 팜파스빌딩 2층
**대표전화** 02-335-3681          **팩스** 02-335-3743
**홈페이지** www.pampasbook.com | blog.naver.com/pampasbook
**페이스북** www.facebook.com/pampasbook2018
**인스타그램** www.instagram.com/pampasbook
**이메일** pampas@pampasbook.com

값 18,000원
ISBN 978-89-93195-59-0  13590